德国梅尔杜蒙公司 编著
韩昕彤 译

北京出版集团公司
北 京 出 版 社

图书在版编目（CIP）数据

西班牙 / 德国梅尔杜蒙公司编著 ；韩昕彤译． —北京 ：北京出版社，2019.1

书名原文：Spanien

ISBN 978-7-200-14241-9

Ⅰ．①西… Ⅱ．①德… ②韩… Ⅲ．①旅游指南—西班牙 Ⅳ．①K955.19

中国版本图书馆CIP数据核字（2018）第173457号

图　字：01-2018-0486号　　审图号：GS（2018）1036号

责任编辑：黄雯雯
执行编辑：李肖寅
封面设计：魏建欣
责任印制：武绽蕾

西班牙
XIBANYA
德国梅尔杜蒙公司 编著
韩昕彤 译
*
北京出版集团公司
北京出版社 出版
(北京北三环中路6号)
邮政编码：100120
网 址：www.bph.com.cn
北京出版集团公司总发行
新华书店经销
天津市银博印刷集团有限公司印刷
*
787毫米×1092毫米 32开本 6.25印张 200千字
2019年1月第1版 2019年1月第1次印刷

ISBN 978-7-200-14241-9
定价：69.00元

来自德国的问候
预祝您拥有一个美好假期！

亲爱的读者：

或许您会问自己，为何您买了一本德国而非本国制作的旅行指南？但请放心，您已经为此做出了一个正确而又明智的选择。

在2012年中国取得全球旅行冠军之前，该头衔一直被德国保持。对于德国这样一个“小国家”来说，这是令人惊叹的！原因可能是，自1950年开始，旅行的梦想对于广大的德国人来说开始变得更为现实。因此，梅尔杜蒙在与北京出版集团的合作中茁壮成长。

“梅尔杜蒙”的故事是一个了不起的故事，从充满冒险的旅程到成为家族的旅行事业，直至今天已传承三代，现由创始人的孙女继续领航这一成功之旅。如今的“梅尔杜蒙”已是欧洲旅游产品领域遥遥领先的品牌。

手握这样一本旅行指南，您可以高枕无忧。请您相信，无论您要去的是世界的哪个地方，梅尔杜蒙近百年的专业经验以及适合中国旅行者的本土化信息，都可以帮您更精确地了解旅行目的地。

请您开始一段全新的奇遇之旅吧！

这本书会是一个随时陪伴您的伙伴，预祝您有一段充满新的发现和希望的完美旅程！

中国作者

吴杭航

她旅居西班牙，喜欢游走在当地人中，感受当地的历史文化和风土人情，尝遍各种特色美食。喜欢在舒适的环境和慵懒的阳光下享受慢节奏的生活。穷在路上，富在心里。最大的梦想就是环游世界。

德国作者

安德里亚斯·德欧夫

安德里亚斯·德欧夫，出生在莱茵地区，20世纪90年代中期以来，以作家和记者的身份生活在西班牙，著有很多描写他的第二故乡的书。他对西班牙的风土人情、传统习俗和民族精神几乎比任何人都要了解。他热爱大自然，最喜欢开阔狂野的大西洋、哈里奥的红酒和各地的小吃。

梅尔杜蒙的故事

希尔德（Hilde）和库尔特·梅尔（Kurt Mair）是为旅行而生的。早在20世纪20年代第一次世界大战刚刚结束时，他们就驾驶着汽车或者摩托车穿梭在欧洲大陆上。漏气的轮胎、过热的冷却机、失灵的刹车，这些都无法阻挡他们前进的步伐。那时有很多我们今日无法想象的场景，甚至没有一张地图！即使是这样，连撒哈拉大沙漠也无法阻挡梅尔夫妇的冒险之旅。同样他们也会做测绘之旅，这些被探测的路况信息会被精确地整理和保存。第二次世界大战结束后，1948年，库尔特·梅尔成立了公司，路书和地图册是他们的主营产品。库尔特·梅尔离世后，他时年26岁的儿子福尔克·梅尔（Volk Mair）继承并领导这个企业，为今天的梅尔杜蒙集团打下了基石，使集团成为一个全球性的媒体集团，其在全球拥有多家办事处，员工380名，年销售额约1亿欧元。

今日的梅尔杜蒙集团不仅仅提供地图，旅行指南、旅行画册、旅行冒险和电子产品构成了集团丰富的产品组合。在中国，梅尔杜蒙与北京出版集团于2014年成立了合资公司，开始服务于中国旅行者日益增长的需求。

西班牙

图标

当地锦囊 当地锦囊
★ 必游景点
●●●● 体验西班牙
远眺点
适合环保、生态旅游
（*） 拨打需付费的电话号码

酒店价格（不含早餐的双人房）

€€€ 140欧元以上
€€ 90～140欧元
€ 90欧元以下

餐厅价格（不含酒水的正餐）

€€€ 24欧元以上
€€ 16～24欧元
€ 16欧元以下

信息检索

历史事件表→P.10
足球强劲对手→P.24
特色美食→P.32
在这个地方，男人做饭→P.59
加泰罗尼亚语、巴斯克语和加利西亚语→P.100
迭戈·委拉斯开兹→P.123
书籍/电影→P.135
节庆日→P.185
它们值多少钱→P.189
马德里天气→P.190

地图标注

（折页A–B2–3）：折页地图上的位置
（折页a–b2–3）：折页地图中附加地图上的位置

欢迎来到西班牙

最后的灯塔，最后一块土地。在小路的尽头，风拍打着礁石和金雀花灌木丛。在雾角的背后是最美的观景台。每个凸起的岩石都像是大西洋上的皇冠。海面上波涛汹涌，远处一艘渔船正在和海浪搏斗。菲斯特拉海角在伊比利亚半岛的最西北处，是个充满魔力的地方，它让人忘记了时间，不舍得离开。这样充满魔力的地方在西班牙还有很多。

有什么是这个奥地利6次想要侵略的国家所不能提供的呢？这里有充满活力的城市、高山、宫殿、城堡、修道院，有热闹的节庆，有圣雅各之路，有安达卢西亚（Andalusia）的摩尔人遗址、国家公园、金色的沙滩、绵延上千千米的海岸线。多么鲜明的对比啊！来西班牙旅游的理由很充分：既可以独自旅行，也可以结伴出行；既可以参观世界大都市马德里和巴塞罗那，也可以在温暖的海边度过几周。人文景观不胜枚举：温和的地中海，原始的大西洋海岸，南边狂野的“西部”和白色的村庄，中部卡斯蒂利亚（Castile）地区贫瘠的高原，东北冰雪盖顶的比利牛斯山。巴伦西亚的海岸遍布着橙子种植园，安达卢西亚北部的山坡上是

上图：格拉纳达阿兰布拉（Alhambra）宫的阿本莎拉赫厅（Sala de los Abencerrajes）

西班牙

圣地亚哥·卡拉特拉瓦设计的美丽的巴伦西亚“艺术科学城”

一片片橄榄树林。再往南，海拔3 500米高的内华达山（Sierra Nevada）直插云霄。在冬天，山上被积雪覆盖，它的斜坡吸引了许多滑雪爱好者前来。再往东，山势渐缓，一路绵延直到大海；而在阿尔梅里亚，则逐渐变为红棕色的长有草丛植被和仙人掌的半荒漠地带。

西班牙的每个角落都令人惊异，甚至西班牙人也像外国的游客一样，常常在温泉疗养时被山谷中郁郁葱葱的景色吸引。前来度假的人们一边悠闲地躺在沙滩上，一边呼吸着山坡上香草的气息，安逸地享受着田园风光。他们在西班牙栓皮栎树林和松树林中漫步，在废弃的公路上骑行，有时也观察山雕和秃鹰。

不管是在安达卢西亚、加利西亚（Galicia）还是纳瓦拉（Navarra），回归自然都是不可逆的趋势。古老的村庄房屋和农庄改建成的居所较为朴素，私人旅馆和乡村旅馆保留了他们的品位和格调。在这里，客人觉得自己还是客人，这种感

前3世纪至5世纪
罗马帝国统治。

711年以后
摩尔人的军队入侵西班牙南部并把他们的统治区域拓展到了比利牛斯山；从北部兴起了基督教的反占领运动（“收复失地运动”）。

9世纪
随着耶稣使徒雅各布的墓穴在圣地亚哥被发现，朝圣者踏上了圣雅各之路。

1492年
伊比利亚半岛摩尔王国灭亡，“天主教国王”伊莎贝拉占领格拉纳达。克里斯多夫·哥伦布发现美洲。

觉也适合运动旅行，比如在别墅体验马术训练之旅。喜欢冒险的人，也可以去峡谷探险或者攀岩。

西班牙的新发现和再发现是中世纪的大事件：圣雅各之路上的旅行，在加利西亚的圣地亚哥–德孔波斯特拉（Santiago de Compostela）有耶稣使徒雅各布的最后安息地。“真正的雅各布”是否埋葬在那个地方，没有人能证实。但是冒险的精神和坚定的信念足以使一个人强大。这条世界上独一无二的文化之路从比利牛斯山向西延伸，约有750千米，被修道院、教堂和城堡围绕，穿过葡萄园和石头村庄。旅途的高潮部分是布尔戈斯（Burgos）和莱昂（León）的哥特式教堂。这条路沿途充满了“海洋中的朝圣者”——扇贝的标志，朝圣者的居所为徒步旅行的人和骑行的人提供了住宿。对自驾的人来说，这段旅程也是值得的。

中世纪大事件：圣雅各之路。

每年会有将近6 000万名游客来到西班牙，在这片约50万平方千米的土地上，西班牙的多样性在您面前完美地呈现，许多文人都早已被这种多样性吸引。法国人维克多·雨果在潘普洛纳（Pamplona）感觉到“自己突然间再次置身于今生所见最美的十字回廊之一”。丹麦的汉斯·克里斯蒂安·安徒生在他的旅行中把格拉纳达的阿兰布拉宫的装饰比作用石头做成的刺绣，荷兰的塞斯·诺特博姆把圣多明各德拉卡尔萨达（Santo Domingo de la Calzada）看成“世界上最美的鸡舍”，这不是幻觉，因为这里还像从前一样，有活家禽的笼子！令人感到惊

16、17世纪
西班牙处于政治和文化的巅峰：世界强国和“黄金时代”。

1936—1939年
内战，弗朗西斯科·佛朗哥元帅独裁统治的开始。

1975年
佛朗哥去世，重新引入君主制度，国王为胡安·卡洛斯一世。

2011—2015年
保守党执政的政府采用的严厉的紧缩措施和层出不穷的左、右翼政治家腐败案引发了大规模的抗议和新的全民

奇的还有埃斯特利亚（Estella）附近的“葡萄酒泉”，一打开水龙头就会流出免费的葡萄酒。在洛格罗尼奥附近的工业区里有通往美妙的伍尔特艺术博物馆的小门。站在首都马德里的中心区俯瞰屋顶，可以领略圆形屋顶露台的美妙艺术。

西班牙的美食遍布全国各地。当地人为他们最喜爱的美食花费了相当多的时间。精品红葡萄生长在拉里奥哈和杜罗河流域，加利西亚以Albariños而闻名，安达卢西亚的赫雷斯德拉弗龙特拉（Jerez de la Frontera）以雪莉酒和白兰地酒而闻名。在名厨云集的巴斯克地区，经典的美食是冷热小点心和塔帕斯小吃，塔帕斯小吃被叫作Pintxos。这些美味的小吃只是前菜，还有羊排、红烧牛尾、鱿鱼和西班牙海鲜饭以及许多创新的美味菜肴。

西班牙的魅力不只在饮食方面。南部地区每年有超过300个晴天。和以前一样，在地中海沿岸的口号是：想要寻找乐趣的人就会找到乐趣。托雷莫利诺斯（Torremolinos）、贝尼多姆（Benidorm）和滨海略雷特（Lloret de Mar）都是不朽的经典旅游城市，这些城市中到处都是音乐酒吧和舞厅，这样的生活处处充斥着欲望和时尚。来到这里旅行的人都知道自己想要什么，这也同样适用于去马德里和巴塞罗那旅行的人。这些大都市备受游客青睐，每座城市都有自己的特色，如马德里马约尔广场上的露天氛围和以普拉多博物馆为代表的博物馆文化，漫步在巴塞罗那兰布拉大街上，参观加泰罗尼亚地区杰出建筑家安东尼·高迪设计的至今还未竣工的圣家堂。这座宏伟的教堂和遍布西班牙的许多其他地方一样，被列入了联合国教科文组织的《世界遗产名录》中。洒满阳光的南部地区是艺术和文化爱好者的天堂，参观格拉纳达的阿兰布拉宫和由摩尔人建造的科尔多瓦的大清真寺（Mezquita in Córdoba）是整个欧洲之旅的高潮。东方的军队曾在711—1492年占领伊比利亚半岛，那时，他们比西班牙人富有得多。

这个国家不但有厚重的历史，而且还在不断地发展。这里有许多新的博物馆，前卫的餐厅，充满设计感的酒店和小酒吧。但是这里也兴起了反对腐败的抗议运动。在危机不断的时期，数百万人陷入了失业的境地，而掌握权力的人却过着奢侈的生活，用公款吃喝玩乐。这直接导致了西班牙人对领导者的不满。

这个国家有不同的语言和不同的民族，充分展现了它的多样性。城市和地区都力图在和别的地区的竞争中成为焦点。哪个是全国最美的、最大的城市？快

党的建立。胡安·卡洛斯一世退位，费利佩六世成为新国王。

2016年

左、右翼阵营使新选举陷入了困境。保守党首相马里亚诺·拉霍伊再度担任内阁中少数派政府的领导者。

2017年

西班牙经济慢慢复苏，长时间以来，失业率第一次低于20%。加泰罗尼亚地区追求独立是一个政治难题。

阿尔梅里亚内地的红棕色的沙漠景观——欧洲西南部的荒芜之地

来看看，什么是巴塞罗那有而马德里没有的。这常常激起巴斯克人、加利西亚人和加泰罗尼亚人的地区意识。

尽管西班牙和中欧、欧盟国家邻近，但作为南欧国家，它的生活态度并没有随着时间的流逝而改变，也没有受到中欧和欧盟其他国家的影响。这并不单指社会福利保障体系，西班牙的社会保障体系对公民个人来说是一个灾难。在西班牙的斗牛场中，人们不断地刺杀公牛，把它们送入天堂，许多当地人坚信“永恒的明天魔咒”，但加泰罗尼亚人终结了这个传统。传统、矛盾、喧闹、异国风情，所有的这些赋予了这个国家独特的魅力。

新建的博物馆，前卫的餐馆，充满设计感的酒店。

当地锦囊

从所有的当地锦囊中，我们为您挑选出了15条最棒的旅行建议。

当地锦囊 晕眩体验

看一眼奇特的悬空运渡桥，望向深处的河水，您可以在位于毕尔巴鄂（Bilbao）的内维翁（Nervión）河上50米高空处的比斯开桥（Puente Bizkaia）上散步。→ P.43

当地锦囊 狮子和长颈鹿互道晚安的地方

在位于坎塔布里亚的卡巴切诺自然公园（Naturparks Cabárceno）有崎岖的岩石景观，生活着来自世界各地的野生动物。→ P.182

当地锦囊 Erntefrisch

在莱昂老城的周末市场被马约尔广场上的拱廊集市所围绕，配着农村氛围的音乐，很有欢乐的感觉。→ P.69

当地锦囊 演出

在马德里格兰大道（Gran Avenida）上，里亚尔托歌剧院（Teatro Rialto）是闪光点，这里的音乐表演值得一看。→ P.126

当地锦囊 热情燃烧的舞蹈

在施洗约翰节的前夜，圣佩德罗曼里克（San Pedro Manrique）的“火行者”隆重登场。毫不恐惧，没有耍花招，没有穿鞋——直接赤脚走过烧红的炭火。→ P.184

当地锦囊 去看熊

没有骗您——索米多自然公园（Parkue Naturpark de Somiedo）里确实有熊。但您在漫步时想碰上几十只熊其中的一只，基本上是不可能的。不管怎么说，偏远的阿斯图里亚斯（Asturiens）还是值得一游的。→ P.51

当地锦囊 烹饪行家

巴斯克地区的厨师名声在外。广为人知的是一位名为巴勃罗·洛雷罗（Pablo Loureiro）的厨师，他在位于圣塞瓦斯蒂安（San Sebastián）的餐馆Casa Urola里面工作。→ P.57

当地锦囊 开船

瓜达尔基维尔（Guadalquivir）河

上的游船从雪莉酒之城桑卢卡尔–德巴拉梅达出发。在这几小时的游船旅程中，您很可能会见到许多鸟类。船会停在多尼亚纳国家公园（National Park Doñana）。→ P.148

当地锦囊 乡村之梦

由于红褐色的石头环境，人们把卡斯特里洛德罗波尔瓦扎勒斯（Castrillo de los Polvazares）叫作“红色村庄”。在圣雅各之路上靠近阿斯托加（Astorga）地区的卡斯蒂利亚–莱昂（Castile-León），摄影师们会拍摄大量照片。→ P.64

当地锦囊 木板小桥

走过木板小桥，您可以探索布尔戈斯（Burgos）东南部的耶克拉峡谷（La Yecla），并有机会见到秃鹰。→ P.67

当地锦囊 在“世界的尽头”

傍晚时分，当太阳在太平洋上缓缓落下时，您可以从加利西亚的菲斯特拉海角（Kap Fisterra）乘船出游。→ P.181

当地锦囊 洞穴观光

有什么比洞穴博物馆更能与格拉纳达地区的洞穴地带相配的呢？参观离主路稍远的圣山洞穴博物馆（Museo Cuevas del Sacromonte）是很有意义的。→ P.153

当地锦囊 自行车印记

不管是高山还是半荒漠，阿尔梅里亚自行车旅行（Almería Bike Tours）的这对德国和西班牙夫妇保证让您充分体会骑行的乐趣。→ P.178

当地锦囊 在山上乘车

在高高的欧罗巴山上乘地面缆车可以到同名的阿斯图里亚斯的山村。→ P.53

当地锦囊 成群的狼

在安达卢西亚地区安特克拉（Antequera）的狼园（Lobo Park）里，可以对狼群进行追踪观察。这个动物园面积广阔，很好地与自然融为一体。（下图）→ P.183

体验西班牙

免费畅游

既省钱，又能发现新事物

省钱有道

● 免费欣赏戈雅画作

阿斯图里亚斯美术博物馆（Museo de Bellas Artes de Asturias）位于历史悠久的维拉德宫（Palacio de Velarde）中，收藏了许多西班牙大师的作品，其中就有弗朗西斯科·戈雅（Francisco de Goya）的作品。免费入场。→ P.48

● 罗马城墙

曾经的防卫城墙，如今的游览胜地：加利西亚省会城市卢戈（Lugo）的古罗马城墙绵延超过2 000米，可以免费参观。→ P.46

● 油漆绘画的森林

在偏僻森林里的树干上绘画的多彩艺术。在巴斯卡地区格尔尼卡附近有着独一无二的由艺术家奥古斯汀·伊瓦罗拉创作的绘画森林，这里是自然和艺术的完美融合，而且免费！（下图）→ P.45

● 工业区的艺术

谁会想到，在工业区会有一座卓越的艺术博物馆呢？您可以在拉里奥哈省会城市洛格罗尼奥（Logroño）东边看到这个令人惊讶的地方——伍尔特博物馆（Museo Würth）。在不断更换的展览里，运气好会遇到世界闻名的艺术家，这里的建筑风格也是值得一看的。免费入场。→ P.71

● 大城市里的热带绿洲

火车站里的热带花园？人们很难想象这里会有一间花房。这就使这个在马德里阿托扎火车站（Estación de Atocha）里的不花钱的好去处显得更加美丽。→ P.124

● 免费参观埃尔切的博物馆

在棕榈之城埃尔切（Elche），每周日上午所有博物馆和纪念馆均免费入场。推荐您先去参观阿拉伯浴室。→ P.91

本色西班牙

不容错过的独特体验

●穿长袍的忏悔者

在复活节前的一周，全西班牙的忏悔者都身披节日长袍列队游行。在安达卢西亚，僧侣打扮成幽灵的宗教集会特别令人印象深刻。→ P.184

●拜访绘画天才

西班牙诞生了许多世界闻名的艺术家。最伟大的天才之一，就是毕生钻研超现实主义艺术的萨尔瓦多·达利（Salvador Dalí）。您可以在他位于布拉瓦海岸（Costa Brava）利加特港（Port Lligat）的居所和菲格拉斯（Figueres）唯一的城市剧院、现在的达利戏剧博物馆（Dalí Theatre and Museo）里，追寻这位大师的足迹。真的是怪诞至极！（右图）→ P.98、P.99

●城堡的国度

作为不同伯爵的领地和王国以及收复失地运动中反抗摩尔人的阵地，西班牙在中世纪动乱的历史中建造的许多城堡值得一看。最宏伟的一座当属位于阿拉贡地区（Aragonien）的洛阿雷城堡（Castillo de Loarre），它曾在好莱坞电影中被当作拍摄背景。→ P.80

●现代建筑艺术

弗兰克·盖里（Frank O. Gehrys）建筑学的高超造诣使毕尔巴鄂的参观者流连忘返：古根海姆博物馆（Museo Guggenheim）是石灰岩、玻璃和钛合金的集合体。博物馆建筑是这里最宏大的艺术品。→ P.42

●塔帕斯小吃

您可以像西班牙人一样，去一个又一个的小酒馆逐一品尝可口的小点心。理想的美食胜地是格拉纳达地区，和其他地区一样，每个酒吧都有自己的特色菜，但是格拉纳达地区酒馆里配葡萄酒和啤酒的小菜常常是免费的——这是传统。→ P.152

●狂野的节日派对

西班牙南部弥漫着节日的氛围，接下来会越来越热闹，最后欢乐的气氛达到了顶点。每年7月，在拉里奥哈村庄安吉亚诺（Anguiano）踩高跷的舞者敲响了节日的最强音！→ P.185

本地特色

雨天游玩

下雨天，也美妙

●在雪莉酒生产地

安达卢西亚的赫雷斯德拉弗龙特拉很少下雨。如果下雨，您要好好珍惜参观雪莉酒酒窖如González Byass和Tío Pepe的机会。（左图）→ P.147

●参观大学城

在埃纳雷斯堡（Alcalá de Henares）这座西班牙最传统的大学城里，您可以参观大学里最漂亮的建筑——玛格纳礼堂和小教堂。→ P.127

●去潜水

在圣塞瓦斯蒂安，下雨天最好的选择就是去码头后面的水族馆里潜水。成群的热带鱼、鳐鱼和鲨鱼在等候着您。→ P.180

下雨时分

●纸牌博物馆

纸牌博物馆（Museo Fournier de Naipes）邀您体验一次穿越时空的非凡旅行。这里收藏了维多利亚时代巴斯克首府的一副纸牌。→ P.45

●迷人的洞穴艺术

坎塔布里亚山区的卡斯蒂略洞穴留有石器时代的岩画——当年先民创作这些如今已不明含义的作品时，洞穴外可能正下着倾盆大雨。→ P.61

●欣赏艺术

不管外面是艳阳高照还是倾盆大雨，您都可以在马德里的艺术博物馆——索菲亚王后国家艺术中心博物馆（Museo Nacional Centro de Arte Reina Sofía）里度过半天时光。这里的经典画作是《格尔尼卡》。巴勃罗·毕加索（Pablo Picasso）的这幅宏伟的反战油画是世界上最有名的艺术作品之一。→ P.124

● 沙滩全景

加利西亚地区由沙子和礁石组成的海岸——卡特德莱斯海滩（Praia das Catedrais）就在您的脚下。在下坡处有一小段供游客休息的围墙，您可以在此处欣赏美景。→ P.40

● 弗拉明戈舞

您可以在格拉纳达圣山区（Sacromonte）现场领略弗拉明戈舞的风采。在典型的表演场地，舞者和吉他手都离您特别近。您可以忘却所有琐事，完全沉醉于音乐中。→ P.154

● 棕榈树林

在埃尔切，您会为这里的棕榈树林（El Palmeral）所陶醉。这些棕榈树林可以追溯到摩尔人时期，特别繁茂。最美的棕榈树林当属治愈花园，这片美景邀您在此放松逗留。（下图）→ P.90

● 教堂前安静的小广场

在布尔戈斯（Burgos）教堂前广场的小长椅上休息过的人，都对这座圣雅各之路之城留下了深刻的印象。长椅前是圣玛丽亚大教堂（Kathedrale Santa María）——西班牙最大的宗教建筑之一。→ P.65

● 乘齿轨火车爬上贝壳湾的山

在伊赫多山（Monte Igeldo）上，您会看到整个圣塞瓦斯蒂安令人难忘的全景。乘齿轨火车，您可以毫不费力地爬上贝壳湾的山，到达观景台。→ P.57

● 广场的魅力

西班牙的城市广场是加长的客厅、拱廊下的聚会地和咖啡平台。全国最美广场之一——萨拉曼卡的马约尔广场等您参观。随便找个地方，放松休息，感受生活的气息。→ P.129

潮流之选

1 循环型城市

二次利用 巴伦西亚是深谙循环艺术的都市。废旧的张贴画在这里会被做成很酷的包，风筝冲浪用的风筝会被做成背包（左上图）。Demano（@demano.net）在网上和位于Carrer dels Carders 36 的自家商店出售这些东西。可再生艺术协会（Drap Art）（Groc 1 @www.drapart.org）很值得参观。这个热心环保的艺术协会有一个前卫的画廊，是加泰罗尼亚可再生艺术国际艺术节的组织者。

2 奔跑着的交流

真正的奔跑者 早些时候，西班牙在跑步领域较为落后，如今许多跑步活动在西班牙如雨后春笋般冒了出来。在啤酒奔跑者活动（Beer Runners）（右图）（@www.beer-runners.es）上，人们可以结交到朋友，在跑步过后大家端着啤酒聚集在一起，这也是这个活动名字的由来，目前这个活动已在65个城市举办过。

3 改良升级

小吃酒吧 当西班牙传统的酒吧和酒坊变成了时尚的“小吃吧”，发生改变的不仅是酒瓶上的标签，还有价格和顾客的需求。顾客想要得到一些特别的东西，想要和普通的酒馆客人不一样。为此，人们愿意多花点钱。因此，越来越多的小吃酒吧提供高级的饮食，如牡蛎（左下图）和手工酿造啤酒。醇香年久的苦艾酒也重新受到人们的欢迎。

西班牙有许多新鲜事等待您去探索。

4 聪明的投资

时装　人们愿意在真正引人注目的东西上花费很多钱。西班牙的年轻人有意识地消费，促进了这个国家的设计师们联合组成“西班牙服装制造商协会”（@creadores.org）。协会成员有：Amaya Arzuaga，Pedro del Hierro和Moisés Nieto，也有很多享有盛誉的女设计师，如Ágatha Ruiz de la Prada。进入人们视线的有Maria Barros的大量的设计（产品陈列室：🏠RafaelCalvo 20，Madrid @www.mariabarros.es）或者Leyre Valiente的设计草稿（产品陈列室：🏠Gonzalo de Córdoba 7，Madrid @www.leyrevaliente.com）。Leyre Valiente标签似的名品Valiente以古典主义和创新理念相结合的长款连衣裙为特色。加泰罗尼亚女设计师Maria Escoté（@www.mariaescote.com）（右图）在设计中使用鲜艳的色彩，制作出了有牛仔边的夹克和有花朵图案的连衣裙。

5 再见，塔帕斯小吃！

美味　在西班牙，许多来自其他国家的美味汇聚在一起。马德里Home Burger Bar的分店和其他的快餐店完全不一样。这里有精致的食品和细致入微的服务。人们可以在全国超过30家乌冬面连锁店（@www.udon.es）品尝到经典的日本乌冬面（右图）；不只是毕尔巴鄂地区的西班牙人觉得Ein Prosit Bilbao餐馆（🏠Plaza del Ensanche 7 @www.thate.com）里Thate家族按照德国家庭菜谱做的肝制奶酪和香肠很好吃。

西班牙面孔

人口

西班牙国土面积为50.6万平方千米，是瑞士的12倍还要多，但是人口只有不到4 700万。从国际范围来看，每平方千米仅有92人的人口密度确实很小。居住人口最多的城市是首都马德里，有320万人住在核心区，在附近区域生活着超过600万人。但是在西班牙住着的不只有西班牙人，被21世纪初的劳动力需求所吸引，来自南美洲、非洲和欧洲东南部的大量移民涌入了西班牙。持续的经济危机使部分移民再次向外迁移，其他人想试一试运气，开始新生活。他们作为“乘船者”，违法乘坐不适合渡海的船从北非出发，到达安达卢西亚的海岸。迄今为止，接收来自叙利亚等世界其他地区的难民对西班牙几乎没有影响。但人口的老龄化是一个难题，出生率非常低也是有原因的——没有子女补贴费，生养孩子的费用需要靠私人财产负担。

社会福利机构

几十年以来，失明和有严重视力障碍的人找到了希望：西班牙国家盲人组织（Organización Nacional de Ciegos Españoles）。这个社会福利机构负责运营全国的培训中心，发放奖学金，帮助这些有视力障碍的人融入劳动力市场。该机构所需的钱很大一部分是靠卖彩票筹集的。人们可以在小

上图：在潘普洛纳奔牛节派对上的场景

变化中的国家：这不仅仅体现在同性婚姻和流传下来的斗牛传统的并存上。

型国家盲人组织商店或者在街边商贩那里买到这种彩票。为了吸引人们对彩票的兴趣，街边商贩常常大声拉长音调，喊着“今天开奖”。

姓氏

西班牙人可以不费力地追溯他们的祖先，因为在某些历史文件里，人们使用的姓氏按照辈分被排列起来。在日常生活中，有两种方式最常见：第一个姓氏从父亲，或是第一个姓氏从母亲（现如今这个顺序可以颠倒），这个姓氏会跟随一生。假设我们以Carolina Pérez López这个名字为例，Carolina的父亲（或母亲）的第一个姓可能是Pérez，也可能是López。对大部分西方人来说很困惑的一点是，传统的夫妻在婚后仍然一直保留他们的全名，从书面上完全无法看出他们结婚了。

弗拉明戈

真正的弗拉明戈舞不是民俗文艺秀，而是内心深处感受的一种表达。

因此，弗拉明戈舞在天气炎热、民风热情的安达卢西亚地区成熟，这并不是偶然。从亚洲迁移到西班牙的吉卜赛人对弗拉明戈的发展也起到了推动作用。跳舞、唱歌和弹吉他是弗拉明戈的3个重要组成部分，这个传统一直保留到今天，并还在不断发展。有时会融入流行乐、摇滚乐、爵士甚至朋克等音乐流派。有的商业性的弗拉明戈舞蹈场所品质很高。此外，您可以在不同的弗拉明戈节上欣赏流行的舞蹈选段，在马德里也有传统的表演弗拉明戈舞的场所。

吉卜赛人

辛提人和罗姆人，在西班牙语里被统称为吉卜赛人。据估计，他们是在几百年前从中亚地区迁入的，在宗教裁判所时期，吉卜赛人遭到迫害。充满激情的美人和弗拉明戈舞很容易就美化了“吉卜赛人的浪漫”。事实上，许多吉卜赛人在社会边缘勉强维持着生计。这一方面与他们自己选择的自我孤立、死守民族传统有关；另一方面，西班牙社会并没有包容地接纳他们。

皇宫

2014年，西班牙开始了新纪元。胡安·卡洛斯一世国王在贪腐丑闻曝出几年后退位了，这对他儿子费利佩六世继位是有利的。从此以后新王上任，费利佩六世想要重振王室在民众心中的威望。他公开了皇室的财政预算，主动削减了自己的权力，这一点引起了媒体的关注。他还保持克制，尽量避免犯错。费利佩六世旁边站着他的夫人莱蒂齐娅，这是她的第二次婚姻。她不太受民众喜爱，这不仅仅是因为她为了美貌在自己脸上注射了大量的东西。费利佩六世和莱蒂齐娅的两个女儿排在西班牙皇位顺位继承人的最前面。她们分别是2005年出生的莱昂诺尔公主和2007年出生的索菲亚公主。皇家的网站（@ www.casareal.es）展示了高度的责任感和

足球强劲对手

在得过世界杯冠军和欧洲杯冠军的国家，足球是毫无争议的顶尖国家竞技运动。西班牙的足球俱乐部在国家联赛里想要获胜，一个比较简单的方式就是花费数百万欧元来引进世界级球星。西班牙的两大足球俱乐部——皇家马德里和巴塞罗那足球俱乐部，每场西甲联赛的比赛都被看成“世纪之战”。这个敌对状态超出了体育范畴。巴塞罗那是加泰罗尼亚人的自信心的轴心和支点，他们敢于和中央权力所在的首都马德里相对抗。需要考虑的因素有：顶尖的俱乐部的负债是很多的。奇怪的是，假如加泰罗尼亚地区从西班牙独立，巴塞罗那还将继续留在西甲联赛里比赛。这被称为“古老传统”。

一个要点——透明度。毫无疑问，在未来，王室不能犯任何重大的错误。

危机

西班牙的经济危机在许多年之后依然没有过去。国会议员一再要求民众节省开支，勒紧腰带，并不断向民众施加压力。与此同时，政治家继续坐着头等舱并把参与会议的费用塞进自己的腰包，金额相当于普通人一个月的工资。为了反对政治家和官员的自私自利、贪污腐败、搞裙带关系等行为，西班牙民众举行了大规模的抗议活动。这些事件促使了新政党的建立，新政党同老政党共同构成了政治的全景。但是在“不可能被收买的”新政党中也存在害群之马，这使选民们感到很失望。西班牙的旅游业像汹涌波涛中的一块礁石作为强有力的经济要素，抵抗着狂风暴雨的时代。

摩尔人

从711年到1492年，摩尔人在伊比利亚半岛生活了将近800年，他们在这片土地上的印记并没有消失。格拉纳达的阿兰布拉宫、塞维利亚的吉拉达钟楼和科尔多瓦的大清真寺是西班牙最吸引游客的景点。在今天的西班牙语里也有许多词语是从摩尔人伊斯兰文化中借鉴并改良的，不管是在科学艺术还是在日常生活和烹饪方面，西班牙人对此应心存感激。夏天，凉快的庭院和庭院中以彩色阿兹勒赫瓷砖为材料的墙壁装饰都发源于摩尔人。在当今的西班牙，东方的遗产：糖醋汁，卤制食物，很甜的烘制饼干，加蒜白汤——以捣碎的杏仁、大蒜和橄榄油做的营养丰富的冷甜汤都起源于阿拉伯地区。

媒体

西班牙人热衷于读报纸和看电视，人们喜欢在咖啡馆或者酒吧里看报纸。在那里，人们可以在喝咖啡、品红酒时得到免费的报纸。但是人们不会看《明镜》周刊或者《焦点》这类杂志。在西班牙，主导媒体文化深

在安达卢西亚塞维利亚的博物馆中的弗拉明戈舞者的礼服

受教堂、权力和政治利益影响。发行量最大的报纸是体育类报纸——《马卡报》。与此相对应，收视率最高的节目是足球转播。其他受欢迎的节目还有电视连续剧、烹饪节目和《茶话会》。《茶话会》是一档谈天说地几个小时，有好几个谈话回合的谈话节目。每天放送的电视节目有电视1台

15:00的新闻和21:00的晚间新闻，每次播送持续40～45分钟。饱受争议的是，新闻中有时会播放血腥的场面来赢得高收视率。因为和民营电视台的竞争很激烈，像Antena 3和Tele 5这些电视台还会播放一些情爱类节目。

民族性格

人们对西班牙人缺乏组织能力和时间观念的认知，在偏见和现实之间摇摆。他们真的更愿意把事情推迟到永远的明天，无忧无虑地过日子吗？既是，也不是。在西班牙有南北差异。在北方和东北方，巴斯克人和加泰罗尼亚人以可靠著称，而在南方的安达卢西亚人对待生活明显更放松，更愿意听天由命。他们的共同点是对生活乐观的态度，人们不会让自己的心情因为最近的物价上涨或者政府决议而持续低落。在对生活抱有怀疑的时候，他们选择活在当下！社交是生活中的一个重要部分，公共场所有它的局限性，把人邀请到家里是很常见的。广场、林荫道和酒吧，这些都是西班牙人的大客厅。

穿着时尚

西班牙人不喜欢不修边幅。人们的穿着以基本的优雅为原则，不会过于暴露。在城市里，大多数的男士在大热天还穿着长裤。在选择头发颜色方面，西班牙人显得有些引人注目。有些女士会染几绺绿色或紫色头发，其他大部分人发色一般是金黄色。文身和打洞的工作室也是顾客盈门。

政治组织形式

西班牙是有民主议会制度的君主国，国王是国家元首，同时也是军队的总司令。西班牙由17个自治区组成，这17个自治区分别是：安达卢西亚、阿拉贡、阿斯图里亚斯、巴利阿里群岛、巴斯克地区、埃斯特雷马杜拉、加利西亚、加那利群岛、坎塔布里亚、卡斯蒂利亚-拉曼查、卡斯蒂利亚-莱昂、加泰罗尼亚、马德

里、穆尔西亚、纳瓦拉、拉里奥哈和巴伦西亚。休达和梅利利亚是西班牙在摩洛哥的两个飞地。面积最大的自治区是卡斯蒂利亚-莱昂（94 224平方千米），最小的是4 992平方千米的巴利阿里群岛。在政治方面，有两个稳定的大政党：西班牙工人社会党（PSOE）和保守的人民党（PP）。公民党（Ciudadanos）和“我们可以”党（Podemos）给政治带来了一阵清风。动物保护党（Partido Animalista）代表着新的发展趋势，他们致力于废除全国的斗牛活动，组织了许多反对流传已久的传统的活动。

没有比小吃吧更能体现西班牙人社交性的地方了

男女平等

在曾经天主教氛围很浓厚的西班牙，陈旧的形式被打破，公开场合对待两性的态度变得正常化。情侣可以"肆无忌惮地"生活在一起，直到30多岁才有可能会结婚。在西班牙，法律允许同性婚姻。

午休

从午餐过后一直持续到16:30—17:00的超长午休不能被误解为西班牙人与生俱来的懒惰。它和气候因素有很大关系：人们避开最热的工作时间，给一天的主餐留出丰富的时间，而在凉爽的深夜精力充沛。现在午休没有过去那么普遍了，在生活中的践行方式也不同，在轮班工作的公司里，渐渐地演变成了持续工作。其他人，尤其是老年人，不许自己的休息时间被取消，传统就是传统。

斗牛

对许多西班牙人来说，斗牛是民族文化不可或缺的一部分，而大多数外国人觉得这项活动既血腥又不公平，他们并不能理解欧内斯特·海明威在《死在午后》中对这个事件激动的描述。为斗牛辩护最有力的论证就是，如果没有斗牛活动，斗牛的品种会慢慢灭绝。在这之后，赞成者又给出了一个理由：宁愿自由地在草地上生活四五年，然后惨烈快速地死去，也不愿在拥挤的牛棚里艰难地生活，最后死于屠宰场。

许多斗牛在安达卢西亚地区宽阔的牧场上长大，公牛一点也不轻，一人高的公牛有600千克。年轻的、小的公牛在"斗小牛"的时候会上场，小斗牛士会把它们处死。这些小公牛常常被刺伤并死于鲜血淋漓之中，只有极少一部分的小公牛会遭受致命一击，结束痛苦。当然，斗牛行业吸引了很可观的资金投入。无论是专业的斗牛育种者，还是斗牛士和他们的队伍都可以从中获益。在西班牙，许多斗牛士就像足球明星一样被尊敬，报酬也十分丰厚。他们在专门的学校接受培训，学习所谓的"斗牛术"。斗牛毫无疑问是男性的主导领域，而女性一直都不能在斗牛场上施展身手。

在西班牙斗牛场上，每年约有1万头牛被杀死。个人对斗牛活动说不的方法，首先就是不去观看斗牛。在网上也有抗议论坛。想去观看斗牛比赛的人可以选择购买阴凉处的比较贵的座位和太阳直射的较便宜的座位，价格处于中间水平的座位则有时候阴凉，有时候必须要忍受太阳的暴晒。斗牛比赛常常在傍晚开始，由6场单独的对抗组成，每场对抗有3名斗牛士上场。斗牛季从复活节一直持续到10月。

地区的独立

加泰罗尼亚地区对从西班牙独立出来的渴望和追求，多年来一直是备受争议的话题。这个地区的领导人一次又一次地通过全民公投寻求独立。但是西班牙的主要政党都以违宪为由拒绝了这个要求。他们强调，人们构成了一个民族，而不是一个国家。这一点在日常生活中的体现就是：许多加泰罗尼亚人在阳台上悬挂地区旗帜，菜单上只有加泰罗尼亚语。在语言学习方面，孩子们首先一定要学习加泰罗尼亚语——这违反了西班牙宪

纪念品行业用它们的“心”对加泰罗尼亚独立进行宣传

法。独立的呼声在巴斯克地区也很高，但已经没有前几年那么激烈了。在巴斯克地区独立问题上遭到批判的一点是，极端激进分子认为，法国西南部也应该被包括进来。但是充满争议的是，不是每个当地人都想要地区独立，因为在加泰罗尼亚不仅仅生活着加泰罗尼亚人，在巴斯克地区也不仅仅生活着巴斯克人。

经济

从一个以渔民和农民为主的国家，变成了随着欧盟发展起伏的工业和服务业为主的国家——这是西班牙发展变迁的一个速写。在西班牙，人们的工资水平同发达国家相比明显较低。全球经济危机和银行危机对这个国家的影响也比对其他国家的影响要大。欧盟为西班牙提供了数千万欧元的贷款，但该国银行业积弊已深。经济危机爆发后，成千上万的西班牙人被从他们的房子里赶了出来，因为他们无力偿还贷款。失业率的增长意味着部分西班牙人没有工作。非法劳动因此发展迅速。

美 食

西班牙人是真正会享受的人，他们认为美食不仅仅是必要的能量摄入。人们根据自己的口味喜好，坐在摆满丰盛食物的餐桌前，在餐馆里吃一顿饭可能会持续两到三个小时。

因为西班牙拖延式的生活节奏，这里的一天也开始得比较晚。在8:00或者8:30，人们会吃一顿简单的早餐（有的西班牙人不吃早饭就去上班了）。以一杯浓浓的牛奶咖啡、小甜面包开始一天的生活比较少见，人们吃得越来越丰盛了。中午从12:00或者12:30开始，在酒吧里塔帕斯小吃第一波供应高峰开始了，包括各种开胃小吃。在巴斯克地区，塔帕斯小吃被叫作Pintxos或者Pinchos，搭配一杯红葡萄酒或白葡萄酒，干雪莉酒或者新鲜酿制的啤酒，人们可以享用各种各样的小的烹饪艺术品。许多酒吧是塔帕斯小吃的天堂，它们的种类包括盐渍小鳀鱼、肉丸、俄罗斯沙拉、土豆、鸡蛋和蛋黄酱。小吃大多数被放在玻璃陈列柜里或者摆在柜台上吸引顾客，这给语言不通的人提供了方

在塔帕斯小吃的天堂：西班牙的小吃让人胃口大开，在美食界名列前茅。

便，只需要指一下想要的食物就可以了。特别饿的时候，人们会点一大份小吃。在两餐之间，一份混合沙拉或者一道蔬菜汤锅是比较合适的选择。

在14:00或14:30的时候，人们开始享用丰盛的午餐。晚些时候，大概21:00或21:30，甚至常常到22:00，西班牙人才开始吃晚餐，塔帕斯小吃常常作为晚餐的前菜。有时候，丰富的小吃可以代替晚餐。我们建议您像西班牙人一样，去一个又一个的小酒馆，逐一品尝各种小吃。一直在同一个店用餐，在这里是非常少见的。为了照顾不习惯西班牙较晚的午餐、晚餐时间的外国游客，许多旅游城市的餐馆一直供餐或者将供餐时间提前

特色美食

botifarra 加泰罗尼亚式的猪肉肠，冷热都有。

chipirones en su tinta 用墨鱼汁烹饪的墨鱼。

chorizo 全国供应的柿子椒莎乐美肠（含大蒜）。

churros 炸面圈，人们喜欢把它蘸着浓浓的巧克力酱一起吃。

cocido madrileño 按马德里的方式做的含香肠、鹰嘴豆、土豆、肥肉和蔬菜的炖菜。

fabada 阿斯图里亚斯式的带肥肉和血肠的炖豆锅。

gazpacho 安达卢西亚式冷汤，里面含有由白面包、西红柿、黄瓜、蒜、洋葱、灯笼椒、油和醋混合磨成的酱汁（右上图）。

jamón serrano 风干的火腿，安达卢西亚山村地区哈武戈（Jabugo）和特雷韦莱斯（Trevélez）的火腿尤其好吃。

langostinos 新鲜烤制的大虾或者预先加工的冷虾。

mariscada 海鲜拼盘。

marmitako 巴斯克式的炖鱼，配料有金枪鱼、土豆、西红柿、洋葱、蒜和辣椒。

pa amb tomàquet 加泰罗尼亚式的西红柿配白面包，上面滴有橄榄油。

paella 西班牙大锅饭，起源于巴伦西亚的带米饭的菜肴，有许多种类，经典款是藏红花米饭配蔬菜（左上图）。

queso de Cabrales 来自卡伯瑞勒斯的气味和口味都很强烈的蓝干酪。

queso manchego 用拉曼查地区的羊奶做的硬奶酪。

suquet de peix 加泰罗尼亚式的鱼汤。

tortilla de patata 土豆蛋饼，经典的塔帕斯小吃。

trucha a la navarra 上面盖着一片风干火腿的鳟鱼。

vieira 有干肉的扇贝，在加利西亚地区很受欢迎。

了。当外国游客都吃完饭后，当地人的用餐时间才刚刚开始。在餐馆里，传统的上菜顺序由3个步骤组成：前菜、主菜和餐后甜点。经典的甜点有焦糖布丁、米布丁和奶油泡沫甜点乳蛋糕。用餐结束，人们习惯喝一杯浓咖啡。如果喜欢咖啡里带一点牛奶，最好点牛奶咖啡，茴香酒咖啡含有少许烈酒。用餐的最后会来一杯酒，葡萄渣酒比较烈，白兰地酒稍微柔和一点。在地中海沿岸，人们喝不含酒精的冰镇欧洽塔，它的口味有甜、微甜和很甜3种。

在西班牙，晚餐大多数情况下比早餐贵。考虑到价格，我们建议您在中午时点一份套餐，西班牙人在午间休息时也常常吃套餐。这样一份套餐物美价廉，起价约为9欧元或10欧元。大多数套餐可以选择前菜、主菜和甜点，面包、饮料、酒水也可以自选，价格包含在套餐价里（在游客聚集的地方不一定所有餐馆里的套餐都包含酒水）。

对葡萄酒品质有要求的人在这里可以得到满足。在西班牙，好的葡萄酒带有原产地证明。里奥哈（Rioja）地区的葡萄酒世界闻名。这得益于这里晴朗的天气和埃布罗河盆地肥沃的土壤。在秋天葡萄采摘过后，顶级的葡萄酒被装在法国或者美国酒窖中的橡木桶里。葡萄酒专家特别珍惜木桶散发的果香和香草香气混合的气味。每一滴高品质葡萄酒的酿制、储存和窖藏都特别讲究，需要有严格的酿制和储存时长，酿制需要至少2年，储存3年，窖藏5年。

其他重要的高品质葡萄酒产区有：纳瓦拉、加泰罗尼亚、卡斯蒂利亚-莱昂、卡斯蒂利亚-拉曼查和安达卢西亚。杜罗河流域的葡萄酒世界闻名。西班牙气泡酒基本按照传统方法生产，大部分产于加泰罗尼亚地区。西班牙顶级餐厅在全国都大名鼎鼎。西班牙有许多星级厨师，他们大多数来自烹饪中心巴斯克地区和加泰罗尼亚地区。品尝套餐一直备受人们喜爱，它通常由精选的七八道小菜组成，价格50欧元起，在某些高级餐馆，花费可能达到三位数。这些获奖的厨师和小餐馆里的大厨一样，都使用新鲜的食材，当然也都用大蒜和橄榄油。

咖啡、第二次早餐、塔帕斯小吃、开胃酒和结束酒——这些要求在酒吧里都可以得到满足

购 物

弗拉明戈布娃娃，全套圣雅各之路朝圣需要的装备（包括毡帽和斗篷），装饰精美的圣母玛丽亚瓷人——在西班牙，总能买到称心的商品。当地手工制作的每件艺术品都值得一看。

美食

和其他地方比，这里的美食绝对是物美价廉的抢手货，如风干的山地火腿和长期发酵过的曼彻格奶酪。稍微加一点价（有时甚至不用加价），就可以把一块奶酪或者是火腿密封包装，以便运送回家。其他的特产还有装在玻璃瓶里的肉酱，里面还有青椒和橄榄；阿吉拉斯（Águilas）穆尔西亚地区很有名气的加入了刺山柑的鲭鱼。冷榨的橄榄油性价比很高，常常装在硬塑料瓶或者小罐子里。有些修道院会卖修女们自己烤制的饼干和糕点。

手工艺品

多亏了旅游业的需求，真正的手工艺如陶艺才没有没落，在有的地方甚至达到了新的繁荣。安达卢西亚地区的一些城市制陶技术高超，如格拉纳达和塞维利亚。加泰罗尼亚赫罗纳省的拉维斯瓦尔，虽说是小地方，但在这一方面也久负盛名。在布兰卡海岸（Costa Blanca）的腹地、橙花海岸（如佩尼斯科拉Peñíscola）、托莱多、瓜迪克斯，甚至在马德里，人们都可以找到好的手工艺品。各种大小和颜色的陶器都很受欢迎：盘子、茶托、烛台、杯子和沙拉碗。买日用陶器的人需要注意，好的陶器应尽可能少地放在洗碗机里清洗。托莱多因精巧的锻造技艺而出名。加利西亚手工编结的花边质量很好，尤其是在圣地亚哥-德孔波斯特拉的老城。格拉纳达的当地锦囊 镶嵌细工是从摩尔人时期流传下来的遗产；棋盘和首饰盒上常

时尚陶瓷工艺品和美食：真正的艺术品就像美食、葡萄酒和橄榄油一样，值得去购买。

常用这种装饰。彩色的缀结毯可以以当地锦囊便宜的价格在安达卢西亚阿尔普哈拉（Alpujarra）山区的农村买到。在安达卢西亚地区还有各种各样的银饰品。

集市

逛逛巴塞罗那、巴伦西亚和圣地亚哥–德孔波斯特拉气氛活跃的市场是个很好的体验。在其他的市场上也可以买到当地的特色产品。大多数市场开放时间为周一至周六的8:00—14:00。鱼市在周一不营业。街边市场和旧货市场主要集中在地中海沿岸。

时装

时装设计排名第一的城市是巴塞罗那，这不单单反映在这个城市拥有许多的供应商方面。巴塞罗那的精品时装店大多位于扩展区，而在马德里，与此相应的区是萨拉曼卡区。大型连锁百货公司英格列斯百货提供了多样的时装选择。

乐器

格拉纳达和马德里是西班牙重要的乐器制作中心。超过24家吉他生产商至今还在格拉纳达从事生产活动。它们生产传统的原声吉他和弗拉明戈吉他，同时也接受定做。

葡萄酒/烈酒

西班牙生产品种丰富的葡萄酒。购买时，您应该注意原产地标识。不推荐在这里买白兰地、卡瓦酒和雪莉酒，因为价格和其他地方差不多。

大西洋海岸

狭长的海口、捕鱼湾和海滩，除此之外还有美食和海边的山脉，城市和博物馆文化。西班牙绿色的北部地区几乎满足了人们的所有愿望，但是也有它的小缺点：大西洋在夏天水温也基本不超过20℃，这个地区每个季节的天气都极不稳定。降水使植被一直保持着新鲜的绿色，在加利西亚地区门前庭院里种着桉树和柠檬树，除此之外到处都是蕨类植物、染料木和黑莓灌木丛。

海岸线蜿蜒曲折，隐藏着很多小海滩。在桑坦德和圣塞瓦斯蒂安的绵长的海滩是个例外。这里的人第一眼看上去比南部的人更加不好接近。风俗和心态在全国范围内来说，也算特殊的。在巴斯克地区，乡村体育竞技运动特别普遍，如举石头和劈柴。在加利西亚地区女性起领导作用。阿斯图里亚斯和加利西亚的节日娱乐活动是吹奏风笛，这是凯尔特人的文化遗产。在巴斯克地区和加利西亚，当地的民族语言也被使用在电视、报纸和指示牌等上面。在加利西亚语中，拉科鲁尼亚（La Coruña）被叫作A Coruña，在巴斯克语中，圣塞瓦斯蒂安（San Sebastián）被叫作Donostia，巴斯克被叫作Euskadi。

上图：圣塞瓦斯蒂安的贝壳湾（Bahía de la Concha）

大西洋的蓝色、内地牧场的绿色以及古教堂和石头村庄的棕色形成鲜明的对比。

拉科鲁尼亚

（折页 C2）**又是古罗马人的故事：大约2 000年前，他们占领了凯尔特人曾经的领地，在一个宽广海角的末端建造了埃库莱斯塔。**

现在这座塔为东部的海港入口照明，向西走就到达了带有海滨浴场Riazor和Orzán的海湾。经过数千米外埃库莱斯塔所在的半岛，自行车道和有轨电车轨道平行着延伸向红色灯笼围绕装饰的海滨大道（Paseo Marítimo）。

这座省会城市（人口约为24.6万）的历史中心位于半岛东部，包括玛丽亚广场（Plaza de María Pita）、圣多明各广场和圣卡洛斯公园（Jardín de San Carlos）。老城的西边门德斯努涅斯公园（Jardines de Méndez Núñez）、玫瑰园（Rosaleda）和带

可以在拉科鲁尼亚的玛丽娜的琉璃窗和凉廊看风景

有美丽玻璃画廊的玛丽娜林荫道（Avenida de la Marina）相连。因为玻璃窗和凉廊众多，拉科鲁尼亚也被称为“玻璃城”。

景点

菲斯特拉水族馆（Aquarium Finisterrae）

水族馆里有加利西亚海岸典型的100余种海洋生物，包括鳗鱼和鳕鱼，当然也有鲨鱼和海狮（定期投喂）。🏠Paseo Alcalde Francisco Vázquez 34 🕒7月至8月10:00—21:00；9月至次年6月周一至周五10:00—18:00、19:00，周六、周日 11:00—20:00 @mc2coruna.org/aquarium

多莫斯人类之屋（Domus-Casa del Hombre）

这是一个关于人类发展和精神生活的展览，由日本建筑师矶崎新（Arata Isozaki）建造，它外观上最大的特征是大量的历史人物像。🏠Santa Teresa 1 🕒7月至8月10:00—20:00；9月至次年6月周一至周五10:00—18:00、19:00，周六、周日11:00—19:00 @mc2coruna.org/domus

埃库莱斯塔（Torre de Hércules）★

这座高塔从1世纪以来就孤独地矗立在海上。它高约60米，给人一种庄严崇高的感觉。作为全世界唯一一座建于两千年前且仍在使用的灯塔，它被联合国教科文组织列入了《世界遗产名录》。过去，人们会从宽广的位于停车场上的入口斜坡处往灯塔运输照明的燃料。但是在罗马时期，不是所有东西都原原本本地保留下来了。在18世纪末期，这座高塔被整体翻修。一共有235级台阶，最高点是外部的圆形眺望台。在塔的附近有广阔的草坪和散步区，人们可以在此欣赏大西洋美景。🏠Avenida de Navarra 🕒6月至9月10:00—21:00，10月至次年5月10:00—18:00 @www.torredeherculesacoruna.com

美食

Adega O Bebedeiro

餐馆简朴的室内装饰极具魅力。这里的加利西亚美食将传统和创新结合在了一起，饭菜品质好，菜单的一部分按照季节更换。Ángel Rebollo 34 周日晚上和周一全天关闭 €€–€€€ 9 81 21 06 09 www.adegaobebedeiro.com

当地锦囊 Cervezoteca Malte

这里有数量多到惊人的啤酒种类和热菜，周二至周五中午提供优惠套餐。直到深夜，这里的氛围都很好。Galera 47 周一中午关闭 € 9 81 20 57 51 www.cervezotecamalte.com

购物

在拉科鲁尼亚每周有很多集市，其中包括城市市场（卢戈广场）、圣奥古斯丁市场（圣奥古斯丁广场）和康其纳斯市场（康其纳斯广场）。

住宿

Nogallás

位于市中心的交通便利的小旅馆，性价比很高。18个房间。Julio Rodríguez Yordi 11 € 9 81 26 21 00 www.nogallas.com

Riazor

在海滩林荫道后面位置极佳的城市旅馆。海景房要贵一些，有时会有极具吸引力的房间会在网上接受预订！紧挨着一个加利西亚风味餐厅。174个房间。Avenida Pedro Barrié de la Maza 29 €€ 9 81 25 34 00 www.riazorhotel.com

问询中心

Plaza de María Pita 6 9 81 92 30 93 wwww.turismocoruna.com

周边景点

雷阿斯阿尔塔斯（Rias Altas）

雷阿斯阿尔塔斯是加利西亚的河口，从拉科鲁尼亚到雷阿斯阿尔塔斯

必游景点

★埃库莱斯塔
这座宏伟的灯塔历史悠久，是这座城市的象征。→P.38

★城墙
卢戈的城墙兴建于罗马时期，直到今天还环绕着老城。它的长度超过了2 000米，被联合国教科文组织列入了《世界遗产名录》。→P.46

★古根海姆博物馆
在巴斯干中心的艺术殿堂。→P.42

★圣塞瓦斯蒂安
贝壳湾旁激动人心的城市，拥有优雅多彩的生活。→P.56

★欧罗巴山
宏伟的山景，穿插着景色奇特的村庄、峡谷和湖泊。→P.52

★海边的散提亚拿
在这座坎塔布里亚的小城，有贵族的宫殿和厚重的铺石路面。→P.61

有两条路线。东北的路线会经过贝坦索斯海湾（Ria de Betanzos）。远处的塞德拉海湾（Ria de Cedeira）有许多分支，附近的塞德拉（Cedeira）是加利西亚最有情调的靠打鱼为生的小城镇。我们建议您从这里稍微绕路，前往塞拉德卡佩拉达（Serra de capelada），这里的悬崖十分陡峭，有600米高。山脉的西面地势渐缓，一座风景如画的小镇——圣安德烈斯德泰西多（San Andrés de Teixido）就位于这里。这座小镇海景优美，还有一件圣物：信徒们小心供奉着的圣安德烈斯的圣骨。

从塞德拉出发，接下来的路蜿蜒曲折。首先驶入AC566号公路，接着在AC862号公路穿过内地，一直向圣玛尔塔奥尔蒂盖拉港（Santa Marta de Ortigueira）行驶，这里是西班牙最美的入海口之一，也是众多鸟类的栖息地。在向东去往比韦罗（Viveiro）的路上，您可以稍微绕路参观一下巴雷斯（Bares）海岬的灯塔。在比韦罗，您可以在有许多玻璃窗阳台的老城小巷子里漫步，在雅致的Pazo da Trave旅馆里住宿（17个房间 Trave ¥€€ 9 82 59 81 63 @www.pazodatrave.com）。

从比韦罗向东到达里瓦德奥（Ribadeo），这一路上有很多小的海滩，可以绕路去稍作休息。当地锦囊 卡特德莱斯海滩（Praia das Catedrais）又被称为“大教堂海滩”，因为在退潮时，海滩上不同寻常的岩石构造使人想到了教堂。这个沙滩的壮丽美景绝无仅有。有一段台阶通向涨潮时会被完全淹没的沙滩，需要提醒您的是：7月至9月您必须及时预约才

人满为患：参观卡特德莱斯海滩必须预约

能进入这个沙滩。预约是免费的，但是人们只能在网上预约（@ascatedrais.xunta.es），而不能在检票口当场预约。您在✻城墙的下坡路或者附近的海边小路上可以欣赏最好的海景。往东走一小段路，深入到内地的里瓦德奥海湾构成了阿斯图里亚斯和加利西亚的边界。

在里瓦德奥港（Ria de Ribadeo）有位置便利的✻里瓦德奥旅馆（Parador de Ribadeo）（47个房间 Amador Fernández 7 ¥ €€～€€€ ☎ 9 82 12 88 25 @www.parador.es），值得推荐。问询中心 Rúa Dionisio Gamallo Fierros 7 @turismo.ribadeo.ga

从拉科鲁尼亚出发走西南路线，您会乘车穿过内陆环境清新的景区，最后到达风景秀丽的科尔米俄拉赫海湾（Ria de Corme e Laxe）。在拉赫（Laxe）这个以海滩和捕鱼业著称的小镇，住在拉赫海滩旅店（Playa de Laxe）是特别应景的（39个房间 Avenida Cesáreo Pondal 27 ¥ €€ ☎ 9 81 73 90 00 @www.playadelaxe.com）。

再继续往西南走，加利西亚的海湾美景达到了一个新高峰：卡马里尼亚斯海湾（Ria de Camariñas）和穆希亚（Muxía）港。在中心区域外，有一座18世纪的圣雅各之路上的朝圣者和渔民供奉的神殿（Santuario de Nosa Señora da Barca）。在这附近地区，传统的手工编织花边工艺被精心保护，尤其是在比米安索（Bimianzo）和卡马里尼亚斯（Camariñas）。

图里南海角（Cabo Touriñán）和✻菲斯特拉海角（“世界的尽头”）在穆希亚的南边。菲斯特拉海角属于“死亡海岸”（Costa da Morte），您可以在那里远眺高山和大海，景色迷人。在凯尔特人时期，人们曾在这里举行宗教祭祀。中世纪时期，许多圣雅各之路上的朝圣者从圣地亚哥-德孔波斯特拉（Santiago de Compostela）出发，直到“世界的尽头”，在这里眺望地平线，焚烧他们的旧衣服。在菲斯特拉海角前面约4 000米的地方，有一个待人友好的菲斯特拉渔村，那里有一些供选择的饭店和酒馆。在菲斯特拉较小的参观景点有浪漫的圣玛丽亚教堂（Santa Maria das Áreas）连同附近的公墓，还有一个修建在小海港上的非常小的瞭望台。

当地锦囊 兰格斯特拉海滩（Playa Langosteira）上的沙浴是非常值得推荐的：这个长长的有弧度的沙滩是“死亡海岸”菲斯特拉海角附近最美丽也最宽阔的地方，用作拍摄背景时，它也美得像梦一样。

毕尔巴鄂

（折页J2）**毕尔巴鄂（Bilbao）是个大都市（中心城区有37万人，连同附近区域共有约85万人），这个城市不断在发展，形象也不断在改变。新事物和旧事物混杂在一起。**

毕尔巴鄂的过去是灰色的，建筑老旧，工业污染严重；而如今，这里发展成了前卫的艺术文化城。在大型的再开发项目的引领下，这座城市的政府要员决心着手清理内维翁河旁衰败的货物装置和工厂，聘请国际知名的建筑师圣地亚哥·卡拉特拉瓦（Santiago Calatrava）设计了外形为一只白鸽的飞机场，诺曼·福斯特

（Norman Foster）设计了造型前卫的地铁站，西萨·佩里（César Pelli）设计了165米高的伊比德罗拉塔，弗兰克·盖里（Frank O. Gehry）设计了古根海姆博物馆。古根海姆博物馆是这座城市重建以来最负盛名的地方，每年会吸引超过100万游客前来参观。内维翁河边雅致的林荫道从博物馆通向内城，路上会经过白色的卡拉特拉瓦人行桥，从市政厅的前面直到历史悠久的城市剧院——阿里亚加剧院（Teatro Arriaga）。在河边有很多的长椅，随时可以停下来休息。另一个休息的好去处是唐娜·卡西尔达·伊图里扎城市公园（Doña Casilda de Iturrizar）。

景点

老城（Old Town）

“七条街”步行区是老城的心脏，它让毕尔巴鄂这个城市看起来有点闭塞。街道名字如“Tendería”和“Carnicería”告诉我们，这些地方曾经的住户是小商贩和屠夫。如今这里的建筑是小商店、酒馆和带有宽敞前厅的圣地亚哥教堂（Catedral de Santiago）。在老城的北边是被拱廊围绕的巨大的新广场（Plaza Nueva），这里是喝咖啡和吃Pintxo小吃的理想之地。

美术博物馆（Museo de Bellas Artes）

美术博物馆里有艺术大师埃尔·格雷考（El Greco）、保罗·高更（Paul Gauguin）和弗兰西斯·培根（Francis Bacon）的作品，也有巴斯克地区艺术家伊格纳希欧·苏洛阿加（Ignacio Zuloaga）的作品。此外，这里会不定期举办艺术展。¥周三免费入场！ Plaza del Museo 2 除周二外10:00—20:00 @ www.museobilbao.com

古根海姆博物馆（Museo Guggenheim）

★●

博物馆的建筑风格很特别！这个弗兰克·盖里于1993—1997年建造的作品像一艘巨大的船矗立在内维翁河的岸边，它的钛金属外壳散发出银色的光，显得特别科幻。薄薄的钛金属外壳像鱼鳞一样，其他特别的元素还有石灰石和玻璃。在博物馆50米高的玻璃正厅里，有通往19个展厅的入口。其中最大的一个展厅长130米，宽30米，没有任何承重的墙面和柱子。理查德·塞拉（Richard Serra）的作品位于这个厅，那是由轧过的钢材制成的巨型雕塑。除了这件作品之外，博物馆里基本没有其他永久展出的作品了。这里的展品不断轮换，品质也有高有低。其实，真正的艺术品是这座博物馆本身。几件长期展出的展品包括珍妮·霍尔泽（Jenny Holzers）的显示器装置和杰夫·昆斯（Jeff Konns）的位于临近内维翁河旁的观景阳台上的彩色“康乃馨花束”。河边林荫道上的标志是路易斯·布尔乔亚（Louise Bourgeois）设计的铜蜘蛛“Maman”，而由杰夫·昆斯设计的“Puppy”花狗雕塑则装点了海滨大道。宽的阶梯向下通到入口。博物馆里严禁拍照，大包必须寄存。在临时展览期间，某些展厅可能会关闭，以此来限制人流量。 Abandoibarra 2 7月至8月10:00—20:00，9月至次年6月周二到周日10:00—20:00 @ www.guggenheim-bilbao.es

随着盖里修建了这座特别的古根海姆博物馆，毕尔巴鄂慢慢发展为艺术都市

比斯开桥（Puente Bizkaia）

这是一个独特的钢材建筑，从19世纪末期就跨过内维翁河，立在比斯开省Las Arenas的郊区和波图加莱特（Portugalete）之间。多亏了这个钢索悬桥，人和车辆才能过河。这座桥的另一个名字是"Puente Colgante"，被联合国教科文组织列入《世界遗产名录》。在岸边，观光电梯平稳地上升，推荐您在当地锦囊足足有50米高的特别的人行道上跨过桥。桥下的水面波光粼粼，站在桥上，目光穿过护栏，可以看到毕尔巴鄂的主要码头。汽车的运渡桥24小时不间断工作，人行道 每天10:00—19:00开放，夏季开放时间延长至21:00。@www.puente-colgante.com

美食

Etxanobe

巴斯克地区因拥有顶级的厨师而闻名。其中一个有名的厨师就是Fernando Canales Etxanobe，他在尤斯卡尔杜那宫（Palacio Euskalduna）经营他的星级餐厅。在这个餐厅里，您可以抱有很大的期待，见识充满创造力的搭配。 Avenida Abandoibarra 4 周一至周三晚上关闭，周日全天关闭 ¥ €€€ 9 44 42 10 71 @etxanobe.com

Iruña咖啡馆

在毕尔巴鄂这个用华丽的陶瓷装饰的最美咖啡馆（始于1903年）里不

仅有咖啡，这里的特色小吃是腌过的肉串儿。🏠Jardines de Albia ¥€~€€📞9 44 23 70 21 @www.cafeiruna-bilbao.net

购物

格兰大道（Gran Vía）是毕尔巴鄂的购物街，这条大道上有英格列斯

在绘画的森林里散步是一种艺术的享受

百货大楼。在内维翁河旁1929年开始营业的Mercado de la Ribera市场里，您可以找到种类丰富的肉、鱼、香肠和奶酪。

夜生活

在扩展广场（Plaza del Ensanche）和“七条街”聚集着好多酒吧、酒馆。在Kafe Antzokia（🏠San Vicente 2 @www.kafeantzokia.eus）里会举行现场音乐会，有许多巴斯克地区的乐队和独唱者。在Plaza Arriquibar上曾经的仓库群Alhóndiga有许多文化集会，现如今，它以Azkuna Zentroa的名字而为人所熟知（@www.azkuna-zentroa.com）。Cotton Club（🏠Alameda Gregorio de la Revilla 25 @www.cottonclubbilbao.es）以它的现场音乐和DJ吸引了很多追随者。

住宿

内维翁河（Nervión）

巴塞罗现代的连锁酒店，地理位置优越，位于老城和古根海姆博物馆之间。这里的服务很好，有车库和餐厅。348个房间。🏠Paseo Campo de Volantín 11 ¥€€📞9 44 45 47 00 @www.barcelo.com

毕尔巴鄂阿拉娜佩蒂特皇宫酒店（Petit Palace Arana Bilbao）

在老城边上的阿里亚加剧院旁有一座包含多种房间类型的酒店，在这里，无线上网和租借自行车都是免费的。64个房间。🏠Bidebarrieta 2 ¥€€📞9 44 15 64 11 @www.petit-palacearanabilbaohotel.com

问询中心

🏠飞机场和Plaza Circular 1 📞9 44 79 57 60 @www.bilbaoturismo.net

周边景点

格尔尼卡（Gernika）和绘画森林（Bosque Pintado）（折页J2）

格尔尼卡，也写作Gernika-Lumo，曾经写作Guernica，过去是巴斯

克地区的圣地，人们在橡树底下召开会议。1937年，这座位于毕尔巴鄂东北30千米，现在约有1.6万人口的城市在西班牙内战中被德国“神鹰军团”空袭毁坏。德国军团当时支持纳粹派的佛朗哥。“格尔尼卡之树”（Árbol de Gernika）的残余部分在比斯开省地区议会旁的一个纪念堂展出。此外，巴斯克博物馆（Museo de Euskal Herria 周二至周六10:00—14:00和16:00—19:00，周日10:30—14:30）也值得一看，它位于一座建于19世纪的被徽章装饰的巴洛克宫殿内。亨利·摩尔（Henry Moore）和爱德华多·奇里达（Eduardo Chillida）在欧洲公园（Parque Europa）里的雕塑也特别值得一看。在议会不开会的情况下，当地锦囊 装潢精美的会场大厅和玻璃窗大厅会对公众免费开放。格尔尼卡这座小城因为巴勃罗·毕加索的反战油画《格尔尼卡》而举世闻名，这令人有些伤感。现在，这幅油画收藏于马德里的雷纳索菲亚国家艺术馆，和原版一样大小的陶瓷复制品立在健康中心的对面，位于Calle Allende Salazar。问询中心 Artekalea 8 9 46 25 58 92 www.gernika-lumo.net。到格尔尼卡旅游的人，绝不应该错过东北方向约10千米以外的独一无二的“艺术品”——● 当地锦囊 绘画森林。人们可以在这片偏远的，被艺术家阿格斯汀·伊瓦罗拉（Agustín Ibarrola）“画过的森林”里漫步（来回大约6千米）。从Santimamiñe洞穴的停车场出来会有指示牌。去格尔尼卡旅游时，也可以稍微绕路，到蒙达卡（Mundaka）海湾海岸线（Urdaibai）生物圈保护研究区、极美的莱达（Laida）沙滩和拉加（Laga）海滩欣赏美景。

维多利亚（Gasteiz）（J3）

往东南方向约60千米，穿过绿色的山地景观，就来到了巴斯克地区的首府（人口24.5万）。这里的高楼大厦多得有些惊人，但是确实不乏有趣的景点。在这里，购物街和供人们散步的林荫道相互影响。美丽的玻璃露台围绕着圣女布兰卡广场（Plaza de la Virgen Blanca），这个广场是城市的中心枢纽。在广场中心有一座纪念1813年战胜法兰西的纪念碑。有圣女布兰卡画像的圣弥额尔教堂矗立在广场上。

在老城里，通往老教堂的路也通向比巴特大楼（ Cuchillería 54 周二到周五 10:00—14:00和16:00—18:30，周六10:00—14:00，周日11:00—14:00）。它由两部分组成，一部分是现代建筑师曼加多（Patxi Mangado）所设计，另一部分则是文艺复兴时期的本达那（Bendaña）宫殿，包括两个博物馆：考古博物馆和●纸牌博物馆，这里展示了从中世纪后期以来纸牌游戏的发展历程。令人难以置信的是，有许多想象力丰富的纸牌设计，涉及历史、地理、音乐和动物学主题。此外，我们也推荐您参观新教堂（连带宗教艺术博物馆）、佛罗里达公园（Parque de la Florida）和主要展出现代艺术品的阿提姆博物馆（ Francia24 周二至周五11:00—14:00和17:00—20:00，周六、周日11:00—20:00 www.artium.org）。维多利亚被一条“绿环”（Anillo Verde）围绕，绿环中最漂亮的部分是当地锦囊 塞尔布拉公园区（Salburua）。

在市区外，阿拉伯（Araba）酒店是住宿的好去处（20个房间 Avenida de los Huetos 17 ¥ €~€€ 9 45 22 26 69 @ www.restaurantearaba.com）。问询中心 Plaza España 11 9 45 16 15 98 @ www.vitoria-gasteiz.org

卢戈

（折页D2）**这座在内陆的加利西亚的省会城市（人口10万）是较隐蔽的游览地，有许多值得游览的地方！**

卢戈（Lugo）的城墙可以追溯到罗马时期。附近的公共温泉浴场也是罗马人兴建的。马约尔广场附近的生活富有活力，在步行区漫游是一种享受。经过卢戈，原始的圣雅各之路通向圣地亚哥。

景点

圣玛丽亚主教堂（Catedral de Santa Maria）

这座双塔教堂矗立在老城中，它的建造从12世纪一直持续到18世纪，北大门是在罗马时期修建的。建筑内部光线有些暗。主教堂是巴洛克艺术风格，在这里人们可以看到雪花石膏制成的圣母像——“我们亲爱的大眼睛夫人”（Nuestra Señora de los Ojos Grandes）。 Praza de Santa Maria

城墙（Muralla）★ ●

城墙超过2 000米长，平均12米高，环绕着老城。罗马人建造了这座城墙，近两千年过去了，它仍屹立不倒。城墙是可以登上去的，在城墙上可以看到卢戈各个方向的景色。请您记住入口，塔楼和城墙的凸出部分看起来很像！

省博物馆（Museo Provincial）

单单是省博物馆富有艺术感的外形就值得一看，它的外形模仿过去带有宗教意味十字形回廊的圣方济会修道院。此外，可免费参观也是一个理由。曾经的食堂和厨房也很有趣。展品有罗马时期的镶嵌细工、宗教艺术和日晷。 Praza da Soidade 周一至周五9:00—21:00，周六10:30—14:00和16:30—20:00，周日11:00—14:00 @ redemuseisticalugo.org

美食

Fonte do Rei

餐馆有精心制作的加利西亚美食，制作过程中，墨鱼和其他海洋生物还有烤肉一样都不能少。性价比很高。 Avenida de Madrid 5 周三不营业 ¥ €–€€ 9 82 24 56 08 @ www.fontedorei.es

塔帕斯小吃

老城里分散着风格不同的供应小吃的酒馆，尤其是在乡村广场（Praza do Campo）、十字街（Rúa da Cruz）、新街（Rúa Nova）和毕斯托巴苏尔托街（Rúa Bispo Basulto）。

住宿

Balneario de Lugo

这家温泉旅馆也提供问询和放松减压服务。64个房间。 Bairro da

Ponte ¥€～€€ 📞9 82 22 12 28 @balneariodelugo.com

问询中心

🏠Praza do Campo 11 📞9 82 25 16 58 @lugo.gal

奥维耶多

（折页F2）**奥维耶多（Oviedo）是阿斯图里亚斯的省会城市（人口20.5万），从纳兰科山脚下开始延伸。它的历史中心阿方索二世广场（Plaza de Alfonso II el Casto）和珀利尔广场（Plaza Porlier），很有魅力。**

马约尔广场和Daoíz y Velarde广场凭借它们的魅力脱颖而出。奥维耶多城保留着超过千年的物质文化遗产和欢快的饮酒文化，人们在无数的酒馆里享受苹果酒带来的欢乐。往玻璃酒杯里倒这种酒时，要在空中画出一道弧线，这样才能让它和氧气充分接触，口感才会更佳。喜爱艺术的人应该多多留意一件现代雕塑家的作品：费尔南多·波特罗（Fernando Boteros）的《母性》雕塑以丰满的体态出现在de la Escandalera广场上。其他文化标志有市区外的展览和圣地亚哥·卡拉特瓦拉设计的国会大厦。

景点

圣萨尔瓦多大教堂（Catedral de San Salva Dor）

一座单独耸立的塔楼超过奥维耶多哥特式的大教堂，显得很突出。十字形回廊，前浪漫主义风格的奥维耶多圣殿（Cámara Santa）（🕒开放时间不固定，主要开放时间：周一到周六10:00—13:00和16:00—18:00）还有教堂收藏的珍品，如天使十字架（Cruz de los Ángeles）和胜利十字架（Cruz de la Victoria），是最值得一看的。🏠Plaza de Alfonso II el Casto

纳兰科山（Monte Naranco）

这座海拔600米高的青山像巨人一样俯瞰着城市，显得宏伟而又庄严。山顶有一座耶稣像。在上山车道旁边，有两座给人留下深刻印象的前浪漫主义的教堂——纳兰科圣玛丽亚教堂（Santa María de Naranco）和里约圣米盖尔教堂（San Miguel de Lil-

奥维耶多城市奇观：圣萨尔瓦多大教堂的塔楼

在绿色海岸有小路向下通向美丽的渔村，如：库迪列罗

lo），这两座教堂都是世界文化遗产，建于9世纪（🕒4月至9月周日到周一9:30—13:00，周二至周六9:30—13:00和15:30—19:00；10月至次年3月周日至周一10:00—12:30，周二至周六10:00—14:30）。

阿斯图里亚斯美术馆（Museo de Bellas Artes de Asturias）●

这个美术馆包括老城内的3个建筑物，其中1个就是18世纪的维拉德宫。馆里主要收藏了阿斯图里亚斯雕塑家和画家的作品，埃尔·格雷考，弗朗西斯科·德·苏巴朗（Francisco de Zurbarán）和弗朗西斯科·戈雅（Francisco de Goya）的作品在此都有收藏。🏠Santa Ana 1–3🕒周二至周五10:30—14:00和16:30—20:30，周六11:30—14:00和17:00—20:00，周日11:30—14:30¥免费入场@www.museobbaa.com

美食

Casa Fermín

餐馆在阿斯图里亚斯传统菜肴的基础上有所创新，除此之外，酒品种类丰富。🏠San Francisco 8¥€€€🕒周

日不营业☎9 85 21 64 52@www.casafermin.com

El Gato Negro

位于老城的餐馆，主打当地菜肴，沙拉种类丰富。🏠Plaza Trascorrales 17 🕒9月至次年6月周一不营业¥€€☎9 84 08 75 11@www.sidreriaelgatonegro.com

夜生活

在Calle Cimadevilla和Plaza Daoíz y Velarde有好的酒馆，在Calle Gascona附近有苹果酒屋（Sidrerías）。

住宿

El Ovetense

位于中心地段的简朴的旅馆，带有餐厅，最重要的一点是，相比之下价格低廉。17个房间。🏠San Juan 6¥€☎9 85 22 08 40@www.hotelovetense.com

Gran Hotel Regente

临近步行区，交通十分便捷，教堂和苹果酒吧步行只需要几分钟就能到达。提醒您：最好选择一间靠里的房间！120个房间。🏠Jovellanos 31¥€€☎9 85 22 23 43@www.granhotelregente.es

问询中心

🏠Marqués de Santa Cruz☎9 85 22 75 86@www.turismoviedo.es

周边景点

绿色海岸（Costa Verde）（E-G2）

在阿斯图里亚斯“绿色海岸”的东部末端，有一个很受欢迎的港口小城利亚内斯（Llanes）（人口1.4万）。小城里的别墅、木质阳台、玻璃墙面和历史老区营造了一种优雅的氛围。一条小河汇入大海，艺术家阿格斯汀·伊瓦罗拉设计了有许多彩色的防洪堤。我们推荐您在向西的路上稍微绕路到当地锦囊“激浪喷泉”（Bufones de Pría），在海面波涛汹涌时，海水通过岩石管道涌入陆地，可喷到20米的高空。

里瓦德赛利亚（Ribadesella）是海岸的储货仓库（人口约6 000）。您可以在当地锦囊从前僻静的高地欣赏整个港口的全景，因此，攀爬是值得的！往内陆走，您会看到山景和绿色的草原。里瓦德赛利亚之外的山里，是除了在林荫道上散步和在沙滩晒太阳之外的绝佳去处，山中的Cueva de Tito Bustillo（🕒3月中旬至10月周三至周日10:15—17:00☎9 85 18 58 60@www.centrotitobustillo.com）因史前岩画而闻名于世。由于严格限制参观游览人数，因此必须预约入场！现代史前艺术中心可以提供进一步的信息（🏠Centro de Arte Rupestre🕒7月至8月周三至周日10:00—19:00，9月至次年6月周三至周五10:00—14:30和15:30—18:00，周六、周日10:00—14:30和16:00—19:00）。

在里瓦德赛利亚的沙滩林荫道后面就是1914年建造的罗萨里奥别墅酒店（Villa Rosario）（16个房间🏠Dionisio Ruisánchez 6¥€€☎9 85 86 00

90 @ www.hotelvillarosario.com），这个酒店设计现代化，氛围很好。游客中心（☎ 9 85 86 00 38 @ www.ribadesella.es）在港口边的林荫道上。继续向西走，科伦加（Colunga）就位于里瓦德赛利亚到比利亚维西奥萨（Villaviciosa）的半路上。这里的侏罗纪博物馆（Museo Jurásico）（⏲ 7月至8月10:30—20:00，9月至次年6月周三至周五10:00—14:30和15:30—18:00，周六、周日10:30—14:30和16:00—19:00 @ www.museojurasicoasturias.com）充满了对恐龙及其化石研究的狂热。侏罗纪时期，恐龙遍布阿斯图里亚斯。在比利亚维西奥萨（人口约1.5万）中心区有许多带有徽章装饰的房子。我们推荐您来一次小小的远足，沿着比利亚维西奥萨海湾去到当地锦囊 Tazones渔场区，这里有如画的建筑。再向腹地前进约10千米，Rodiles海滩（Playa de Rodiles）旁矗立着浪漫主义风格的圣萨尔瓦多大教堂（San Salvador de Valdediós）。

再往西走，就来到了烟雾弥漫的重工业基地阿维莱斯（Avilés），这和城市里的河边林荫道还有尼迈耶文化中心（@ www.niemeyercenter.org）形成了鲜明的对比。尼迈耶文化中心是为了追忆巴西的世界著名建筑师奥斯卡·尼迈耶（Oscar Niemeyer）而修建的，有各种各样的活动，包括音乐会、电影和展览，为这座工业城市吸引游客做出了自己的贡献。此外也有定期举办的游览尼迈耶中心的活动。库迪列罗（Cudillero）和卢阿尔卡（Luarca）是海岸边两座美丽的港口城市，有小路通向隐蔽的海滩和风景如画的渔港。纳维亚河（Navia）旁的科阿尼亚城堡（Castro de Coaña）（⏲ 周三至周日10:30—15:30，4月至9月开放至17:30）是过去凯尔特人居住地的遗迹，为这片景色增添了几分文化气息。跨过塔皮亚德卡萨列戈（Tapia de Casariego），阿斯图里亚斯典型的海岸特色一直延伸到里瓦德奥海湾：不仅有小的沙滩，还有绿色的草原和牧场，以及许多蕨类植物和桉树。

希洪（Gijón）（折页F2）

希洪（阿斯图里亚斯语Xixón）在奥维耶多东北方向30千米处，是阿斯图里亚斯地区最大的城市（人口28.5万），大多数人不会对这座城市一见钟情。但它也有一定的优势：它是重要的工业城市和港口城市，体育港口、圣洛伦佐海滩（Playa de San Lorenzo）、历史悠久的打渔区Cimadevilla、霍韦亚诺斯广场（Plaza Jovellanos）和马约尔广场都位于这座城市。人们可以在酒吧里尽情狂欢。

侯爵广场（Plaza del Marqués）上的雷维利亚西赫多宫（Palacio de Revillagigedo）是最重要的标志性建筑。作为政治家和诗人的霍维利亚诺斯（Gaspar Melchor de Jovellanos）（1744—1811年）的出生地现如今已经成了艺术博物馆（Museo de Jovellanos）（⏲ 周二至周五9:30—14:00和17:00—19:30，周六、周日10:00—14:00和17:00—19:30 @ museos.gijon.es）。其他的景点，虽然稍稍有点远，但是互相连接。大西洋植物园（Jardín Botánico Atlántico）（⏲ 周二至周日10:00—18:00，7月至9月延长至21:00 @ botanico.gijon.es）里的小路和水域设计得很好。再往远走，城市文化中心（Laboral Ciudad de Cul-

在欧罗巴山上漫游让人非常激动

tura）也值得一游（🕒6月至9月中旬12:30和17:30时有展览，周六、周日增加一场19:00的展览，9月中旬至次年6月周三至周日17:00有展览，周六、周日增加一场12:30的展览 @www.laboralciudaddelacultura.com）。它过去是大学校园，建于20世纪中期佛朗哥独裁统治时期，十分奢华，规模宏大。在这个建筑群里游览是很有意思的。观景塔（Mirador de la Torre）上视野开阔，风景优美。

Casa Zabala饭店（🏠Vizconde de Campo Grande 2🕒周日晚上和周一关闭¥€€€📞9 85 34 17 31@www.casazabala.com）是这座海边城市一流的海鲜餐馆。推荐住宿在东边几千米处的乡村酒店Casona de Cefontes（13个房间🏠Camino de la Carballera 564¥€€📞9 85 33 81 29@www.casonadecefontes.com）。问询中心🏠Rodríguez San Pedro（Espigón Central de Fomento）📞9 85 34 17 71@www.gijon.info

当地锦囊 索米多自然公园（Parque Natural de Somiedo）（折页E-F2）

这个自然公园（@www.parquenaturalsomiedo.es）位于阿斯图里亚斯地区西南部偏远的地方。40头棕熊自由自在地生活在猎场里。比较受欢迎的基地是波拉索米多（Pola de Somiedo），您可以在索米多河（Río Somiedo）上游找到很好的住宿地——Palacio Álvaro Flórez-Estrada旅馆（10个房间¥€€📞9 85 76 37 09@www.florezestrada.com），国家

雷纳广场体现了蓬特韦德拉（Pontevedra）的魅力

公园办公室在波拉索米多的中心，可以为您提供许多徒步旅行的建议。

欧罗巴山

（折页G2）**在坎塔布里亚和阿斯图里亚斯的海岸后方，★欧罗巴山（Picos de Europa）几乎触手可及，让人难以置信。塞雷多峰（Torrecerredo）（海拔2 648米）和纳兰霍德布尔内斯峰（Naranjo de Bulnes）（海拔2 519米，阿斯图里亚斯语：Picu Urriellu）是欧罗巴山最高的山峰。**

欧罗巴山自然公园（Parque Nacional Picos de Europa）（@www.magrama.gob.es/es/red-parquesnacionales）处于荒凉的山区，占地面积将近650平方千米，完全不会让前来参观的自然爱好者失望。这里直到春天都会有暴风雪呼啸，在地势稍微低一点的地方盛开着兰花和水仙花，羚羊到处奔跑游荡。徒步者会发现很多带有标志的路线。在这里，喜欢吃奶酪的人会买许多卡伯瑞勒斯奶酪（Queso de Cabrales），这种奶酪的气味和口味都很奇特。

国家公园附近是坎加斯-德奥尼斯（Cangas de Onís），在那儿有一座罗马式的古桥横跨赛利亚河（Río Sella）。蒙特韦尔德旅馆（Hotel Monteverde）（30个房间 Ramón Prada 5 ¥€ 9 85 84 80 79 @www.

hotelmonteverde.es）提供便宜干净的住宿。在赛利亚河上，人们可以坐着独木舟漂流。

向东几千米可以看到一条通往伊诺尔湖（Lago Enol）和艾尔希纳湖（Lago Ercina）的山路。在旅游旺季，人们只能搭乘摆渡车游湖，不能驾驶私家车。科瓦东加（Covadonga）就位于路旁，它是一个有传奇故事的地方，据说收复失地运动就起源于这里。西哥特侯爵佩拉约和他的722个随从一起起义，第一次战胜了他们的敌军——摩尔人。这段历史是否真实尚存有疑问，但是在科瓦东加，人们因怀念佩拉约的功绩而在教堂里纪念他。在差不多走过一半路程后，在坎加斯-德奥尼斯和帕内斯（Panes）之间，您会看到非常优美的风景。请您在阿里纳斯德卡夫拉莱斯（Las Arenas de Cabrales）走AS-264号公路，这样可以穿过卡雷斯河（Río Cares）河谷到达庞西伯斯（Poncebos）。在那里有当地锦囊缆索铁路（Funicular）（@www.alsa.es）的站台——布尔纳斯（Bulnes）站，可以把您带到风景如画的布尔纳斯。在附近您可以找到纳兰霍德布尔内斯的眺望处。登山爱好者会在登山路线上的乌维鲁（Urriellu）和久德卡波尼斯（Jou de los Cabrones）休息区进行休息。

在庞西伯斯有一条很受欢迎的徒步路线——Ruta del Cares（@www.rutadelcares.org），只有在干燥的天气，才允许走这条路穿过卡雷斯河山谷，通向卡因瓦迪安（Caín de Valdeón）的路线，路程约为12千米。公路则是从庞西伯斯通向索特雷斯（Sotres）山区，热爱大自然的人们常常在这里落脚，如家庭经营的带餐厅的Rural Casa Cipriano旅馆（14个房间 ¥€ ☎9 85 94 50 24 @www.casa-cipriano.com）。在欧罗巴山深处，山脉的东边，有一条视野开阔的高架公路从索特雷斯通向特雷斯维索（Tresviso）。在帕内斯的南边，N621号公路穿过了幽深的荷米达山谷（Desfiladero de la Hermida）。路上的文化景点有圣玛丽里贝尼亚小教堂（Santa María de Lebeña）。德瓦河（Río Deva）旁的波特斯（Potes）（人口1 400）是列瓦纳（Liébana）地区的行政中心。这里最有特色的建筑就是15世纪的雄伟的因凡塔诺烽火台（Torre del Infantado）。往山上走，可以参观哥特式的圣托里维奥利瓦纳修道院（Santo Toribio de Liébana）。在那里，人们供奉着耶稣受难的十字架的残骸。

波特斯的西边有一条长约25千米的小路通向海拔1 100米的弗恩特德（Fuente Dé），那里是“U”形沥青路的终点，也是缆车索道的起点。在没有风的时候，人们可以在缆车站旁边乘坐直升飞机到达山上的站台（1 843米），在那里，人们开始徒步旅行，前提是要有好的装备和身体条件。

蓬特韦德拉

（折页C3）**在这座拥有8.5万人口的省会城市，莱雷斯河（Río Lérez）和蓬特韦德拉河（Ria de Pontevedra）相互交汇，流过有众多历史古迹的古城中心。**

今天，大西洋贸易、造船业和制

币业带来的辉煌已经成为过去，这里的生活悠闲从容。与此相匹配的是历史城区：安静的广场和巷子特别吸引人，尤其是雷纳广场（Praza da Leña）上紧凑的拱廊和中心的石头十字架。广场周围有许多特色的酒馆，而酒吧和小吃吧则大多在鲁阿克西尼奥（Rúa de Cousiño）地区。在老城里，玻璃阳台和重要的教堂都是不容忽视的：巴洛克风格的朝圣者圣母教堂（Santuario de la Virgen Peregrina）（18世纪）和它那令人惊奇的半圆形外墙，圣母玛丽亚大教堂（Basílica Menor de Santa María）（14世纪）和圣弗朗西斯科教堂（Iglesia de San Francisco）（13、14世纪）。宽敞的阿拉米达大道上栽种着棕榈树和山茶，两旁则是拥挤的建筑群。

您可以住在位于城中心的三星级旅馆Rías Bajas里，绝对物有所值（100个房间 Castelao 3 €~€€ 986 85 51 00 www.hotelriasbajas.com）。这座旅馆紧挨着一间餐馆和一间咖啡厅。问询中心 Casa da Luz/Praza da Verdura 986 09 08 90 www.visit-pontevedra.com

周边景点

奥伦塞（Ourense）（折页D3）

这里是充满生气的中心地区（人口11万），位于米尼奥河（Río Miño）东边约100千米处，早在罗马时期，这里就被看作是珍贵的温泉地。奥伦塞位于绿色的加利西亚的内陆，有一点儿与其他城市隔绝，也正

鸟类和自然爱好者的休息地：维哥湾的伊利亚斯·西斯岛

因为这个原因，旅游业几乎未被开发。在老的中心区，狭窄的巷子和美丽的广场交替排列。这座城市的骄傲是罗马桥（Puente Romano），是一座位于米尼奥河上的拱形桥。值得一游的还有浪漫的哥特式的图尔圣马丁大教堂（Catedral de San Martín de Tours）和它的"天堂之门"（Pórtico del Paraíso）。

米尼奥旅馆（35个房间 Papa Juan XXIII 2 ¥€ 9 88 21 75 94 www.hmourense.com）地理位置优越，性价比很高。问询中心 Rúa Isabel la Católica 2，Xardinillos Padre Feijóo 9 88 36 60 64 www.turismodeourense.com

莫拉泽半岛（Península do Morrazo）（折页C3）

莫拉泽半岛位于蓬特韦德拉西南的蓬特韦德拉河和维哥湾（Ria de Vigo）之间。环游路线会经过马林（Marín，传统的海军停靠点）、捕鱼地布埃乌（Bueu）、希奥（Hío）（美丽的石头十字）、坎加斯（Cangas）和莫阿尼亚（Moaña）。比较著名的海滩有半岛西北部的兰帕曼海滩（Praia Lapamán）和西南部的酒吧海滩（Praia Barra）。

阿罗萨海湾（Ria de Arousa）（折页C3）

作为蓬特韦德拉湾北边相邻的海湾，阿罗萨海湾向陆地延伸，是南加利西亚最美的入海口。在广阔的蓝色海面上漂浮着无数的当地锦囊 贝壳形小船，人们从奥格罗韦（O Grove）或比拉加尔西亚德亚罗萨（Vilagarcía de Arousa）出发航行时常常驾驶着这种小船，因此奥格罗韦被称为"贝壳都市"。最大的海鲜节在10月开幕，届时您可以看到许多当地的海鲜产品。阿尔巴利诺葡萄酒是必不可少的，它是加利西亚白葡萄酒中的"皇帝"。过桥后就从奥格罗韦到了伊拉托克夏岛（Illa da Toxa），这是个特别小的岛，上面有几家旅馆和一座奇特的贝壳教堂，这座教堂的建筑表面完全被扇贝覆盖。

品尝美酒的绝佳之地是"阿尔巴利诺葡萄酒之都"——坎巴多斯（Cambados），尤其是在主广场费费尼亚（Praza Fefiñanes）四周的商店里。卡萨罗西塔酒店性价比很高（Hotel Casa Rosita）（50个房间 Avenida de Vilagarcía 8，Corvillón，Cambados ¥€ 9 86 54 34 77 www.hrosita.com）。我们推荐您往坎巴多斯西北方向走，跨过桥去入海口中间的伊拉阿罗萨岛（Illa de Arousa）。当地锦囊 自然爱好者喜欢在伊甸园露营地（El Edén）（ Playa de Concerrado 9 86 52 73 78 www.eledencampingplaya.com）露营，这里有的房间还配有厨房。

桑亨霍（Sanxenxo）（折页C3）

位于蓬特韦德拉湾北边的桑亨霍是加利西亚主要的度假胜地。这里有超过12个露营地、120家旅馆和膳宿公寓，其中一些只在夏天营业。8月是这里的旺季。罗蒂里奥酒店（Hotel Rotilio）（39个房间 Avenida do Porto 7–9 ¥€€ 9 86 72 02 00 www.hotelrotilio.com）是一家正规的三星级酒店。桑亨霍的西北边是漂亮的兰扎达海滩（Praia da Lanzada），沙滩上有一座玛丽亚教堂，是许多朝圣之旅的目的地。和加利西亚地区一样，这里到处都是古老的粮仓和谷仓，尤其是在孔巴罗（Combarro）周边。

维哥（Vigo），伊拉西斯岛（Illas Cíes）和巴约纳（Baiona）（折页C3）

维哥展现出它生机勃勃的沿海城市的特点，它是加利西亚最大的城市（人口30万），也是受欢迎的游轮停靠地。在码头停靠着许多渔船，也有很多冷藏库。小巷子从历史悠久的Berbés捕鱼区通到拱廊围绕的宪法广场（Praza da Constitución）。往内地走，带有卡斯特罗（El Castro）要塞的城堡公园的建造时间可以追溯到10世纪。问询中心 Cánovas del Castillo 22 9 86 43 05 77 www.turismodevigo.org

在维哥湾入口处的伊拉西斯岛上有许多鸟类，它属于大西洋群岛自然公园。在复活节期间和夏天有从维哥出发的游船，比方说Naviera Mar de Ons（www.mardeons.es），那时候当地锦囊 岛上的露营地（9 86 43 83 58 campingislascies.com）也开放着。

维哥往南20千米处有海滩和港口小城巴约纳，它旁边就是风景如画的巴约纳海湾（Ria de Baiona）——加利西亚最南端的海湾。像梦一样的Parador旅馆（122个房间 €€€ 9 86 35 50 00 www.parador.es）坐落在蓝色大西洋的和绿色松树环绕的要塞平台上，旅馆四周的林荫道是不容错过的风景。您可以在巴约纳小城里逗留，在港口边散散步是很好的放松方式。

省钱有道

到达毕尔巴鄂机场后，不需要乘坐昂贵的出租车（约30欧元）到城里。机场专线公交每20分钟或30分钟开往市中心和公交车站——Moyúa广场，每人只需1.45欧元。

在维多利亚，所有市级博物馆免费入场，周三的时候，您可以自己决定美术馆的票价（想支付多少就支付多少），这被叫作“你的决定”。

在毕尔巴鄂阿尔特桑达山（Monte Artxanda）上乘坐770米高的缆车是物有所值的（Plaza del Funicular 周一至周六7:15—22:00，周日8:15—22:00，6月至9月延长至23:00），每次乘坐需要95欧分。

圣塞瓦斯蒂安

（折页K2）★**人们称赞圣塞瓦斯蒂安（San Sebastián）是“巴斯克的尼斯”和“西班牙海岸城市中的珍珠”，它是独一无二的。**

伊赫多（Igeldo）山和乌尔古尔（Urgull）山围绕着这座城市，延伸向镰刀形的贝壳湾。在欧德雷塔（Ondarreta）的沙滩和贝壳湾，到处都是喜欢享受日光浴的人们，但请您注意：沙滩上可供平躺享受日光浴的范围是受潮涨潮落影响的！尽管现在生活现代化了很多，但这座城市还保留着文艺大繁荣时期（1871—1914

年）的主要魅力，如海滨浴场。在西班牙别的城市散步，几乎看不到如此美的景色。在贝壳湾的东边尽头有海洋馆（参见“带着孩子旅行”）和运动娱乐场所以及捕鱼港口。往内陆走，宪法广场周围热闹的老城等待着您去参观。广场上标有数字的阳台十分引人注目，在这里曾经举行过斗牛比赛，这些阳台作为包厢被出售。圣塞瓦斯蒂安是2016年欧洲“文化中心城市”，也是西班牙房价最贵的城市之一，人们在这里很难找到经济能力负担得起的房子。

景点

伊赫多山（Monte Igeldo）

您可以开车走收费公路或者坐齿轨铁路到山上观光。在山上，可以俯瞰全城和贝壳湾的梦幻景色。山顶上的娱乐公园有点老旧了。步行时可以看到奇里达的雕塑作品群——风梳（Peine del Viento）。总之，这是一个不容错过的景点。

乌尔古尔山（Monte Urgull）

这是一座大约120米高的位于老城边的小山，往上走穿过通往现代耶稣雕塑的小路，到达英国公墓和始建于12世纪的圣克鲁斯德拉莫塔城堡的遗迹。巴洛克式的圣玛丽亚教堂直接和山脉相连。

祖瑞奥拉海滩（Playa de la Zurriola）

城市东部的海滩很受冲浪者和散步爱好者的青睐。这里还有拉斐尔·芒尼奥（Rafael Moneos）设计的现代国会和展览大厅（Kursaal）。

圣特尔莫博物馆（San Telmo Museoa）

曾经的老城边的多米尼加修道院是这座多学科博物馆（如巴斯克民俗学、社会学和考古学）的雏形。十字形回廊可以拍出美丽的照片，绘画陈

哇哦！蘑菇又香又大，一个蘑菇够做三盘小吃了

列馆和藏有加泰罗尼亚画家约瑟夫·玛丽亚·塞尔特（Josep Maria Sert）大幅油画的教堂也值得一看。周二免费入场。Plaza de Zuloaga 1 周二至周日10:00—20:00 www.santelmomuseoa.com

美食

当地锦囊 **Casa Urola**

烹饪行家巴勃罗·洛雷罗（Pablo Loureiro）在做每一道菜时，都把他对

烹饪的热爱表现得淋漓尽致。菜单常常改变，但一直都有海鲜。Fermín Calbetón 20 周二不营业 €€€ 9 43 44 13 71 www.casaurolajatetxea.es

塔帕斯小吃

在宪法广场附近的小巷子里（Calle 31 de Agosto, Calle Pescadería）您可以找到许多小吃吧。当地锦囊 Bar Zeruko（Pescadería10 www.barzeruko.com）提供创新的塔帕斯小吃。这儿一直有最佳塔帕斯小吃的评选活动，获益的当然是顾客。

购物

最优雅最有格调的购物区在德布恩牧师广场（Plaza del Buen Pastor）和富恩特拉比亚街（Calle Fuenterrabía）附近。在La Bretxa市场您可以发现许多奶酪、火腿和肉肠。

夜生活

听现场音乐的好地方是Le Bukowski（Egia 18 lebukowski.com）和Doka（Escolta Real 20 donostiakokafeantzokia.com）。

住宿

伦敦酒店（Hotel de Londres）

老式的风格，优雅的沙龙般的氛围，贝壳湾旁的绝佳位置——海景房保证了绝佳的贝壳湾视野。148个房间。Zubieta 2 €€€ 9 43 44 07 70 www.hlondres.com

La Perla

位于市中心的膳宿公寓，给游客一种宾至如归的感觉。装修比较简单，东西都很小，但都是精心布置过的。在这里住您可以步行前往城市里的景区。10个房间。Loiola 10 € 9 43 90 04 75 www.pensionla-perla.com

问询中心

Alameda del Boulevard 8 9 43 48 11 66 www.sansebastianturismo.com

周边景点

巴斯克海岸（Costa Vasca）（折页J–K2）

位于圣塞瓦斯蒂安的西边，带有沙滩的峭壁和河口交替排列。绿色的内陆上有许多农庄和山庄。富有的巴斯克人喜欢去萨劳特斯（Zarautz），那儿有既长又宽阔的沙滩。景区后面有许多酒吧和饭馆。冲浪者特别喜欢这儿的海，但是在这里冲浪也存在危险。

当地锦囊 梦幻的海岸街道从萨劳特斯一直延伸几千米，直到渔业小城赫塔里亚（Getaria）。港口附近有许多饭馆。您应该品尝一下Txakolí，这是一种有气泡的巴斯克白葡萄酒，生产于赫塔里亚附近的酒庄。西边重要的旅游地是苏迈阿（Zumaia），那里有许多沙滩和有特色的复理石岩石。港口小城莱凯蒂奥（Lekeitio）、贝尔梅奥（Bermeo）、玛特希特哈克角（Cabo de Matxitxako）和当地锦囊高高矗立在海边的岩石教堂圣胡安格拉特卢加切（San Juan de Gatzelugatxe）是不容错过的。

富恩特拉比亚（Hondarribia/Fuente-rrabía）（折页K2）

西班牙和法国交界河比达索阿（Bidasoa）河旁边有一座典型的巴斯克小城——富恩特拉比亚（人口1.6万）。在海滨浴场、河边长廊、运动娱乐场所以及渔港之外，您还可以在有城墙围绕的老城里找到许多塔帕斯酒吧。河上常常有客船前往对面法国的昂代伊（Hendaye）港口。

当地锦囊 奇里达-勒库博物馆（Museo Chillida-Leku）（折页K2）

室外设施和主楼是雕塑大师爱德华多·奇里达（Eduardo Chillida）（1924—2002年）作品展的展品，他在这个博物馆工作了许多年。奇里达的雕塑作品被放在宽广的草地和森林区，它们中最长的有9米。这个独特的博物馆在圣塞瓦斯蒂安南边约10千米处，需提前预约才能去参观。Barrio Jáuregui 66，Hernani 9 43 33 59 63 www.museochillidaleku.com

桑坦德

（折页H2）**坎塔布里亚充满活力的省会城市，有19万人口。桑坦德（Santander）很久以来就是著名的海滨度假胜地。这里有壮观的萨尔第耐罗（Sardinero）主海滩，宽阔的海湾和美丽的景色。**

在市政厅后面的鱼市上堆满了海鲜，在胡安·德·埃雷拉（Calle Juan de Herrera）和卡拉拉巴尔（Calle Arrabal）这两条大街上有许多时装店和小商品店。马约尔海角（Cabo Mayor）有一种自然纯粹的美，它上面是悬崖峭壁，还有一座灯塔。梅南德斯·佩拉尤国际大学吸引了来自世界各地的学生。

景点

大教堂（Catedral）

哥特式的大教堂和回廊，哲学家梅南德斯·佩拉（Marcelino Menéndez Pelayo）（1856—1912年）的陵墓，出土了罗马时代的文物和早期哥特式的基督教地穴。Plaza del Obispo José Eguino y Trecu 周一至周五10:00—13:00和16:00—19:00，周六10:00—13:00和16:30—20:00，周

在这个地方，男人做饭

在这里的饮食业中，从业者常常是男人。人们一边闲聊，一边站在灶台边尝试新菜谱。巴斯克地区出了许多有创造力的烹饪大师，他们在全国都享有盛誉，这并不是偶然的。饮食业有自己的风俗和非常保守的规章：妇女只能作为客人进入餐馆，她们不可以为公众烹饪。

日10:00—13:30和17:00—21:00

马格达莱纳半岛（Península Magdalena）

半岛上的草地、小路和森林十分有特点。就在入口后面，人们可以看到艺术家Agustín Ibarrola为埃塔恐怖袭击遇害者设计的纪念碑。出口阶梯通向Playa de Biquinis沙滩。在前面的滨海艺术中心有许多船只的复制品，让人想到了弗朗西斯科·德·奥雷利亚纳（Francisco de Orellana），他是亚马孙河的发现者。在这里，您可以看到萨尔第耐罗海滩美丽的全景。

美食

La Bombi

这里提供的坎塔布里亚菜肴特别美味，一定不会让您失望。 CasimiroSaínz 15 每天 €€€ 9 42 21 30 28 www.labombi.com

Bodega La Montaña

位于市中心，在这里您有机会去体验本地人的饮食：便宜的午餐套餐。 San Fernando 28 每天 €~€€ 9 42 23 33 77 bodegalamontana.com

住宿

巴伊亚酒店（Bahía）

这座酒店大楼从外表看起来可能并无特色，但是它位于大教堂和海湾之间，确实是一个理想的住宿地。188个房间。 Avenida de Alfonso XIII 6 €€–€€€ 9 02 57 06 27 www.hotelbahiasantander.com

麦哲伦酒店（Hospedaje Magallanes）

装修精良，房间干净、舒适，带浴室。12个房间。 Magallanes 22 € 9 42 37 14 21 www.hospedajemagallanes.com

问询中心

Jardines de Pereda 9 42 20 30 00 santanderspain.info

周边景点

坎塔布里亚海岸（Costa Cantábrica）

（折页G–J2）

在坎塔布里亚海岸的西部，有沙滩和海港的小镇科米利亚斯（Comillas）因为众多当地锦囊新艺术风格的建筑而受到人们的喜爱。19世纪末，科米利亚斯侯爵雇用了很多当时著名的设计大师。他委托安东尼·高迪修建了奇想宫（Palais El Capricho）（10:30—17:30，在夏季延长至20:00或21:00 www.elcaprichodegaudi.com）。这次参观是本次行程的高潮！他还委托建筑大师胡安·马托雷尔（Joan Martorell）设计建造了苏布里亚诺宫（Palacio Sobrellano），委托路易·多梅内克·蒙塔内尔（Lluís Domènech i Montaner）建造了三眼喷泉（Tres Caños）和具有很高艺术价值的公墓。再往西走，圣文森特德拉巴尔克拉（San Vicente de la Barquera）有一排有趣的老城、城堡、渔港。往东一点还有美丽的欧亚布雷沙滩（Playa de Oyambre）。

您在桑坦德东面还会发现隐蔽的索莫沙滩（Somo）、阿霍沙滩（Ajo）还有桑托尼亚（Santoña）湾自然保护区。继续往东走，依次是5千米长的拉雷多沙滩和建有古老圣殿的港口城市乌迪亚莱斯堡（Castro Urdiales），一座小灯塔耸立在这里。我们推荐您在附近的度假胜地诺哈（Noja）休憩。在这里，您可以在两个美丽的海滩间自由选择，附近还有一座小花园。您可以住宿在提供温泉理疗服务的马里迪莫里斯酒店（Hotel Marítimo Ris）（44个房间，48个公寓 Paseo Marítimo 5 ¥€€–€€€ 9 42 63 13 71 @www.maritimoris.com）。

当地锦囊 卡斯蒂略洞穴（Cueva El Castillo）

●（折页H2）

这个洞穴在帕斯河河谷的高处，卡斯蒂略山上。从蓬特维耶斯戈（Puente Viesgo）沿着小路往上走1.4千米就进入了洞穴里。在洞穴里，钟乳石前有石器时期洞穴居民画的岩画：一群母鹿、一个野牛头、一头公牛、一匹马的草图，一堆略带红色的点和其他符号，它们的含义还未被解开。讲解游览需要提前预约。7月中旬至9月中旬周二至周日9:30—13:40和15:30—18:40，9月中旬至10月以及3月至6月中旬周三至周日9:30—13:40和15:30—17:40，11月至次年2月周三至周五9:30—14:40，周六、周日9:30—13:40和15:30—16:40 9 42 59 84 25 @cuevas.culturadecantabria.com

苏普劳洞穴（Cueva El Soplao）（折页G2）

坎塔布里亚最有名的钟乳石洞穴，位于圣比森特德拉瓦尔克拉南部的深山里，从拉巴古（Rábago）开始的最后7千米山路有许多弯。辛苦爬山的奖励就是令人心旷神怡的山景和神秘的地质景观。7月10:00—19:00，8月10:00—21:00，9月10:00—14:00和15:00—18:00，4月至6月和10月周二至周六10:00—14:00和15:00—18:00，11月至次年3月10:00—14:00和15:00—17:00 @www.elsoplao.es

海边的散提亚拿（Santillana del Mar）

★（折页H2）

这是石头建筑中的一个梦，展现了中世纪的活力：铺石的街道路面，古老的贵族宫殿，拱门和框架建筑，木质阳台和手工艺品，酒吧和饭店，卖野猪肉肠和肉糜酱的熟食店。散提亚拿在桑坦德南边约30千米，是西班牙北部最美丽的城市（人口4 000）之一，这里汇集了各种美食，有时会很拥挤。这里有几家乡村旅馆，其中一家就是Hospedería Santillana（15个房间 Los Hornos 14 ¥€ 9 42 81 88 03 @www.hospederiasantillana.es）。问询中心 Jesús Otero 20 9 42 81 88 12 @www.santillanadelmarturismo.com

在城外约2 000米坐落着阿尔塔米拉博物馆（Museo de Altamira）（5月至10月周二至周六9:30—20:00，周日9:30—15:00；11月至次年4月周二至周六9:30—18:00，周日9:30—15:00 @museodealtamira.mcu.es）。阿尔塔米拉世界著名的洞穴史前绘画复制品，尤其是野牛题材的那幅，就归属于这个博物馆。

圣雅各之路

这条路上有很多教堂和修道院，吸引了虔诚的信徒。除此之外，沿途有许多文化珍宝，还可以带给游客一些别的体验。

从伊班尼塔山口（Ibañetapass）到圣地亚哥－德孔波斯特拉，路程将近750千米，风景从比利牛斯山变为加利西亚的绿色丘陵。一路上，城市的美食文化得到了很好的保留，如洛格罗尼奥和莱昂。

圣雅各之路适合徒步行走，一路上有黄色箭头和贝壳图案的标志。骑自行车的人也可以在平行的道路或者是机动车道附近的道路上行驶。不管人们是徒步忏悔还是坐着公交车朝圣，也不管人们是否真正自我反省，圣雅各之路一直吸引着人们！人们的热情从未消退。逃离生活琐事，远离压力，谁不想要这样呢？

阿斯托加

（折页F3）海拔约900米的偏僻城市阿斯托加（Astorga）（人口1.4万）建于罗马时期。这里曾经有超过20家朝圣者收容站，现在这些场所被教堂掌管。有城墙和主教宫殿的建筑群特别漂亮。

阿斯托加在地理上切断了西北山麓和西班牙中部高原。这段路上的朝圣者，他们的目光能够越过山峰，望向传奇的铁十字架（Cruz de Ferro）。对许多人来说，从阿斯托加到蓬费拉

中世纪和现代：古老的城市和修道院，多样的风景，热闹的纳瓦拉和里奥哈葡萄酒之乡。

达（Ponferrada）的这段路程是圣雅各之路上最美的一段。

阿斯托加附近的马拉加太利亚（Maragatería）地区，以猪油饼和千层饼而著名。顺便说一下甜品：在火车站大街（Avenida de la Estación）16号有一个小小的巧克力博物馆（Museo del Chocolate）（🕒周二至周六10:30—14:00和16:30—19:00，周日10:30—14:00），这里可以品尝到品种丰富的巧克力！

景点

大教堂和大教堂博物馆（Catedral and Museo Catedralicio）

对于这么小的一个城市来说，这座建于15—18世纪的大教堂有些过分华丽了。它的修建以晚期哥特风格开始，以巴洛克风格的双塔结束。教堂里的主祭台还保留了加斯帕·贝塞拉（Gaspar Becerra）主持建造的文艺复兴风格。令人惊奇的大教堂博物馆展示了珠宝和雕塑。Plaza de la Catedral 博物馆：3月中旬至10月周二至周六10:00—14:00和16:00—20:00，周日10:00—14:00，11月至次年3月中旬周二至周六11:00—14:00和16:00—18:00，周日 11:00—14:00。大教堂：周一至周六9:00—10:30，周日11:00—13:00

Caminos博物馆/主教宫殿（Museo de Los Camins/Palacio Episcopal）

在这座博物馆里有圣雅各之路的展品，也有考古学和各个时期的地区艺术展。大教堂对面的主教宫殿是加泰罗尼亚现代主义代表大师——安东尼·高迪建造的。但是这里从来没有住过一位真正的主教。Plaza de Eduardo de Castro 3月中旬至10月周二至周六10:00—14:00和16:00—20:00，周日10:00—14:00，11月至次年3月中旬周二至周六11:00—14:00和16:00—18:00，周日11:00—14:00

马约尔广场（Plaza Mayor）

每周二，宽阔的马约尔广场都是热闹的集市主场地。在这个广场上有1683—1704年建造的市政厅，您应该会注意到一个特别的细节——时钟乐琴上的穿民族服饰的人物。您可以从广场出发，散步到犹太教堂公园（Jardín de la Sinagoga），面前是一片没有遮挡的美丽山景。

美食

Serrano

这家餐馆主打附近马拉加太利亚地区原汁原味的传统菜肴。除周末外，午餐套餐都很划算。Portería 2 周一不营业 ¥€～€€ 9 87 61 78 66 @www.restauranteserrano.es

住宿

高迪旅馆（Gaudí）

这是一家值得信赖又不过分华丽的三星级酒店，位于市中心，紧挨着主教宫殿和大教堂。带咖啡厅。27个房间。Plaza de Eduardo de Castro 6 ¥€ 9 87 60 23 80 @gaudihotel.es

问询中心

Plaza de Eduardo de Castro 5 9 87 61 82 22 @www.aytoastorga.es

周边景点

当地锦囊 卡斯特里洛德罗波尔瓦扎勒斯（Castrillo de los Polvazares）（折页F3）

位于阿斯托加西面仅5 000米，有着如铁锈般红色的天然石屋，隐蔽的入口，粗糙的铺石路面。绵延的“红色村庄”，仿佛是朝圣之旅的延伸。一些饭店会邀请人们进去品尝，特色菜是cocido maragato，是用传统方法烹煮的肉汤。

铁十字架（Cruz de Ferro）★（折页E3）

继续朝圣之旅，由卡斯特里洛德罗斯普瓦扎罗斯朝山区方向往西走，穿过草原和尽是石头房子的村落，如圣卡塔里纳索摩萨（Santa Catalina de Somoza）及甘索（El Ganso），再爬过1 150米高的拉巴纳尔山（Rabanal del Camino）。在拉巴纳尔山，朝圣之路的海拔升高，路的两边有几家酒馆和餐馆。也有许多供朝圣者住宿的地方。

在废墟上重建的冯塞巴顿（Foncebadón）后面有一段最后的上坡路，这也是最后一段可以开车的路，海拔1 504米。在一片孤寂中矗立着铁十字架，这是除比利牛斯山之外，圣雅各之路上的最高点。依照传统，朝圣者应该在这里放一块赎罪石。然后他们就可以一身轻松地在高处观赏风景，之后往下走到蓬费拉达。许多人在这里留下了刻有字的石头、感谢信、照片，甚至是衣服和废弃的旅游鞋。

布尔戈斯

（折页H3）**西班牙谚语“9个月冬天和3个月地狱（Nueve meses de invierno y tres de infierno）”在这里得到了证实：布尔戈斯的冬天极其寒冷而漫长，而夏季气温能达到40℃。**

单单从气候而言，布尔戈斯绝对不是好的旅游地。但这座建于884年的有17.5万人口的阿尔兰松河（Río Arlanzón）边的城市确实很有魅力。在教堂的中心埋葬着西班牙收复失地运动的英雄——艾尔·熙德（El Cid）（1043—1099年），他原名叫作罗德里高·迪亚兹·德·维瓦尔（Rodrigo Díaz de Vivar）。在城市剧院对面有艾尔·熙德纪念碑，在圣玛丽亚城门（Arco de Santa María）上也有他的肖像，通过这种方式使大教堂永垂不朽。在●教堂前的广场上有供人休息的长椅，您可以靠在这里放松休息，观看教堂外景。老城堡的残余部分在小山上显得十分庄严。

景点

卡杜哈·德米拉弗洛雷斯修道院（Cartuja de Miraflores）

这座建于15世纪的加尔都西会修道院位于内城东边4 000米处。胡安二世国王和他的王后伊莎贝拉庄严肃穆的雪花石坟墓就在修道院教堂里。他们是天主教女皇伊莎贝拉的父母。和以前一样，这座修道院里到现在还住着严格遵守清规戒律的加尔都西会僧侣，因此只有一小部分供人参观，如教堂、博物馆等。人们可以购买修道士 当地锦囊 用于玫瑰花瓣手工编制的念珠作为纪念，这是百分百纯天然的！

周一到周六10:15—15:00和16:00—

必游景点

★铁十字架
在圣雅各之路的山上。→P.64

★布尔戈斯的圣玛丽亚大教堂
有数百年历史的建筑，特别华丽。→P.66

★莱昂的圣玛丽亚德拉雷格拉大教堂
教堂里有富丽堂皇的玻璃窗。→P.67

★洛格罗尼奥的劳瑞尔街
在拉里奥哈酒馆享受塔帕斯小吃的旅行。→P.69

★奥雷亚加
比利牛斯山上的修道院，靠近伊班尼塔山口。→P.73

★圣地亚哥－德孔波斯特拉
在老城里有许多名胜古迹，有传说中的耶稣使徒墓和朝圣者火车。→P.75

布尔戈斯教堂的星形穹棱拱顶：完美的对称

18:00，周日11:00—15:00和16:00—18:00 @www.cartuja.org

圣玛丽亚大教堂（Catedral de Santa María）★

人们耗费了400多年修建这个教堂。它哥特式的穹顶和84米高的塔楼直指天空。这座1221年开始修建的教堂使其他建筑黯然失色，它被联合国教科文组织列入《世界遗产名录》，教堂大门上众多的人物雕像和内部震撼的景色使人印象深刻。人们走在镀金的阶梯上，走过熙德墓和有103个座位的唱诗班，抬头看着十字结构的穹顶和奇特的“捕蝇器时钟”，惊叹于这里高超的装饰艺术。十字回廊可以通向教堂的藏宝馆。Plaza de Santa María 3月中旬至10月9:30—19:30，11月至次年3月中旬10:00—19:00 @www.catedraldeburgos.es

人类进化博物馆（Museo de la Evolución Humana）

这座现代的博物馆详细地展示了人类的起源和发展，从阿塔普埃尔卡（Sierra de Atapuerca）的出土物到西班牙北部高山中的发现都可以在这里找到。Paseo Sierra de Atapuerca 周二至周五10:00—14:30和16:30—20:00，周六、周日10:00—20:00 @www.museoevolucionhumana.com

埃斯波隆步道（Paseo del Espolón）

这个华丽的城市地标和河流平行，旁边有悬铃木和其他绿色植物，显得生机勃勃。一条通道直达拱廊围绕的马约尔广场：这是探索旧城小巷和众多西班牙小酒馆的理想定向点。

美食

La Amarilla

小而特别的酒吧，有美味的塔帕斯小吃。往上一层有餐厅，推荐午餐套餐。San Lorenzo 26 每天 ¥€ 9 47 20 59 36

El 24 De La Paloma

在步行区里，有精心烹调的高品质的卡斯蒂利亚美食。Calle de la Paloma 24 周日晚上和周一不营

业 ¥€€€ ☎9 47 20 86 08 @www.restauranteel24delapaloma.com

住宿

北伦德赫斯酒店（Nortey Londres）

一座老式的建筑，位于老城边上，地理位置很好。50个房间。⌂Plaza Alonso Martínez 10 ¥€ ☎9 47 26 41 25 @www.hotelnorteylondres.com

La Puebla

这家精品酒店位于一座19世纪的历史建筑内，是市区里小而特别的住宿地。各个细节都体现了其现代而优雅的格调。19个房间。⌂La Puebla 20 ¥€–€€ ☎9 47 20 00 11 @www.hotellapuebla.com

问询中心

⌂Nuño Rasura 7 ☎9 47 28 88 74 @www.aytoburgos.es

周边景点

圣多明各–德锡洛斯（Santo Domingo de Silos）（折页H4）

这个位于布尔戈斯东南60千米的小地方的主要景点是11世纪的本笃会修道院（⏲周二至周六10:00—13:00和16:30—18:00，周日 12:00—13:00和16:00—18:00 @www.abadiadesilos.es）。这里的双层回廊有浮雕，带一排立柱，是西班牙最美的十字形回廊之一。在金丝镶嵌的祈祷室，您可以看见狮子贵族像和怪物雕像。回廊上是古老的修道院药房和博物馆区。西洛斯的修道士以格里高利赞歌而闻名。在做弥撒（⏲每天19:00，夏天周五至次周三19:00，周四20:00）时可以听到这种歌。附近价格便宜的住宿当属带酒吧和饭店的西洛斯2000酒店（Hotel Silos 2000）（28个房间 ¥€ ☎9 47 39 01 32 @www.hotel-silos2000.es）。

大约3千米以外是当地锦囊 耶克拉峡谷，跨过小桥就可以看见。这段旅程虽短，但是却很令人激动。在山上，您可以看到格里芬秃鹫。

莱昂

（折页F3）莱昂（León）是省会城市（人口约15万），于68年由罗马第七军团建立，这座城市的名字就是由“军团”这个词演变而来的。

在中世纪时，莱昂成为一个独立国家的首都，对圣雅各之路上的朝圣者来说，这是他们路上十分重要的一站。城市文化的闪光点是大教堂和位于圣伊西多罗皇家教堂附近的皇家陵墓博物馆。

景点

圣玛丽亚德拉雷格拉大教堂（Catedral de Santa María de la Regla）★

这座教堂建于13—15世纪，位于步行区中间。著名的金丝镶嵌的彩色玻璃窗占据了超过1 800平方米的一整面墙，使得这座教堂一天中的任何时间都闪耀着特别的光。这其中隐含的寓意是：光会战胜黑暗，信仰会战胜无信仰。十字形回廊也值得参观（入口是单独的，在去邻近的教堂博物馆时可能会另外收费）。⏲5月至9

月周一至周五9:30—13:30和16:00—20:00，周六9:30—12:00和14:00—18:00，周日9:30—11:00和14:00—20:00；10月至次年4月周一至周六9:30—13:30和16:00—19:00，周日9:30—14:00，在做弥撒期间谢绝参观@www.catedraldeleon.org

圣伊西多罗皇家教堂（Colegiata de San Isidoro）

在圣伊西多罗广场（Plaza de San Isidoro）上的这座罗马式的大教堂是在11世纪特意建造的，为了放置从西班牙南部带回的圣依西多禄（Isidor von Sevilla）（约560—636年）的遗骨。教堂附近有去往皇家陵墓博物馆（🕒6月至9月周一至周六9:00—21:00，周日9:00—15:00；10月至次年6月周一至周六10:00—14:00和16:00—19:00，周日10:00—14:00 @www.museosanisidorodeleon.com）的入口。皇家陵墓的天花板和墙壁上有千年前画的精美壁画，被称为“罗马风格的西斯廷礼拜堂”。画中主要是圣经故事，比较特别的是12个月份的农业日历画。从博物馆出来经过回廊就是藏宝库和一个小图书馆。教堂24小时开放。

圣马可修道院（Convento de San Marcos）

内斯加河（Río Bernesga）河岸附近，距离内城约1 000米处，就是这座壮观的、外表装饰精美的建筑。曾经，这里是圣地亚哥骑士团的驻扎地；如今，游客们在这里进进出出。整个建筑群的一部分是教堂，入口处的贝壳浮雕十分引人注目。在前面的广场上坐着一位面露疲惫之色的青铜朝圣者。🏠Plaza de San Marcos

卡斯蒂利亚-莱昂当代艺术馆（Museo de Arte Contemporáneo de Castilla y León）

这个当代艺术馆有着奇特的彩色长方形建筑框架。🏠Avenida de los Reyes Leoneses 24 🕒周二至周五 11:00—14:00和17:00—20:00，周六、周日 11:00—15:00和17:00—21:00 @musac.es

圣多明各广场（Plaza de Santo Domingo）

城市的轴心和支点就是这个充满活力的广场，步行区也从这里开始。在这里，矗立着圣马塞洛教堂的砖塔。信徒们前来祭拜生活在罗马时期的城市保护者圣多明各。目之所及有奢侈华丽的16世纪古斯马内斯宫殿（Palacio de los Guzmanes）和谢绝参观的波提内之家（Casa de Botines），是高迪设计建造的新艺术风格的建筑。

美食

莱昂餐馆（Parador de León）

这家餐馆为人们提供精美的饮食和附近地区的葡萄酒。🏠Plaza de San Marcos 7 🕒每天 ¥€€€ 📞9 87 23 73 00 @www.parador.es

塔帕斯小吃

在圣马丁广场（Plaza de San Martín）附近的酒馆里，有大量的小吃种类供您选择。周五、周六的晚上，酒馆氛围尤其好。

购物

周三和周六早上，在马约尔广场上有售卖农产品的当地锦囊每周市场。广场上的拱廊很有集市氛围，农产品的价格也比较便宜。

住宿

Alfonso V

位于步行区附近的四星级酒店，地理位置优越。从外面看并不引人注目，但却有着让人意想不到的服务品质。62个房间。Padre Isla 1 €€ 9 87 22 09 00 www.hotelalfonsov.com

波卡利诺酒店（Boccalino）

位于圣伊西多罗皇家教堂对面的旅馆，性价比很高。虽然在市中心，但却很安静。40个房间分布在两栋楼里。Plaza San Isidoro 1 and 9 € 9 87 22 30 60 www.hostalboccalino.com

问询中心

Plaza de la Regla 2 9 87 23 70 82 www.turismoleon.org

周边景点

圣米格尔德拉埃斯卡拉达修道院（Monasterio de San Miguel de la Escalada）（折页G3）

这是位于莱昂东面30千米处典型的莫扎勒布式的建筑。莫扎勒布人是西班牙的基督教信徒，生活在摩尔人统治时期，把伊斯兰的艺术风格融入了自己的建筑中。因此，这个古老的修道院教堂的里面装潢得像一个清真寺。尽管经过了翻修，这座10—11世纪的建筑仍保留了它的魅力。时间不固定，4月至9月大多数情况下周二至周日10:00—14:00和16:30—19:30；10月至次年3月10:45—14:00和16:00—17:45

洛格罗尼奥

（折页J3）洛格罗尼奥（Logroño）是里奥哈的首府，有约15万人口，位于埃布罗河边的葡萄酒产区，是一个值得探索的地方。

老城酒馆里飘出阵阵食物的芳香。穿越★劳瑞尔街的塔帕斯小吃品尝之旅不容错过。这儿是真正意义上的酒馆聚集区，在一个不大的地方有足足24家酒馆，几乎一个挨着一个。酒馆的特色食物有炖蘑菇和腌肉等

上好的葡萄：在里奥哈生长，酿成里奥哈酒

等。Hotel NH Herencia Rioja（83个房间 Marqués de Murrieta 14 ¥ €€ 9 41 21 02 22 @ www.nh-hoteles.es）是理想的留宿地，离步行区只有短短几分钟的步行距离。

作为城市主轴线，拱廊掩映的波塔莱斯街（Calle Portales）穿过老城，直到中心广场（Plaza del Mercado）。在广场上的露天咖啡馆里一边感受着广场上的氛围，一边欣赏圣玛丽亚拉雷达大教堂（Santa María la Redonda）是不错的享受。您也可以在主道也就是埃思·波隆步道（Paseo del Espolón）上漫步，这里有很多咖啡馆、长椅和绿色植被。埃布罗河上游，圣雅各之路穿过了老城的巴里奥克波街（Calle de Barriocepo），正好经过圣地亚哥教堂。教堂里有巨大的雅各布杀死摩尔人的雕像，主殿里高高的祭台令人印象深刻。问询中心 Portales50 9 41 29 12 60 @ lariojaturismo.com

洛格罗尼奥地区有很多酒窖，其中有一些您可以在协商后进行参观。大多数情况下，品尝一两种酒是不需要额外付费的。雕塑装饰的欧塔尼奥酒窖（Ontañón）（ Avenida de Aragón 3 9 41 23 42 00 @ ontanon.es）期待着您的来访。

周边景点

纳赫拉（Nájera）（折页J3）

西边30千米处的朝圣者小城由于圣玛丽亚修道院（Santa María la Real）（ 7月至9月周一至周六10:00—13:30和16:00—19:00，周日10:00—13:30和16:00—18:00；10月至次年6月周二至周六10:00—13:30和16:00—17:30/18:00 @ www.santamarialareal.net）成为圣雅各之路上最著名的站点之一。据传说，加西亚国王在一个小山洞里发现了一幅圣母像，如今人们参观的修道院就是这个小山洞。入口的两边是纳瓦拉国王们充满艺术气息的陵墓。

位于绿色山景中的圣米良德拉科戈利亚的尤索修道院

圣米良德拉科戈利亚（San Millán de la Cogolla）（折页J3）

洛格罗尼奥西南50千米处，德曼拉山脉（Sierra de la Demanda）上有两座修道院。两座收录在联合国教科文组织的《世界文化遗产名录》中：海拔更高的、历史更悠久的是苏索（Suso）修道院（6世纪），海拔略低的是修建于16—18世纪的尤索修道院（复活节至9月周二，8月10:00—13:30和16:00—18:30，10月至次年复活节周二至周六10:00—13:00和15:30—17:30，周日10:00—13:00）。因为苏索修道院入口很狭窄，必须提前预约（周一不开放 9 41 37 30 82 www.monasteriodesanmillan.com）。两座修道院都保存了对圣米良德拉科戈利亚的记忆，他是一位6世纪的隐士，埋葬在尤索修道院里。问询中心 Plaza del Convento 9 41 37 32 59

圣多明各德拉卡尔萨达（Santo Domingo de la Calzada）（折页J3）

这简直让人难以置信：在洛格罗尼奥西面50千米的大教堂（4月至11月初周一至周五9:00—20:30时，周六9:00—19:00，周日9:00—12:15和13:45—19:00）里竟然有一个鸡窝。这些鸡生活在一人高的厚玻璃罩子里，为了纪念一个“奇迹”——一位被判以死刑的无辜朝圣者得以存活。您可以参观教堂博物馆，它里面有一个大的十字形回廊，里面有很多油画、银饰和雕塑。您还可以登上70米高的教堂塔楼。请您注意城墙的残余部分，上面有许多鹳巢。

潘普洛纳

（折页K3）**纯粹的疯狂：斗牛在小巷子里疯跑，勇敢的冒险者毫无保护措施地在牛角前狂奔。**

有些人会被牛角刺伤，极少数会死去。这样的场景在每年的圣费尔明节（Sanfermines）都会发生。这个盛大的节日在每年7月6日至7月14日举办，人们会在节日期间尽情地狂饮狂闹。欧内斯特·海明威为这个节日的

省钱有道

在里奥哈，洛格罗尼奥往东约15千米处，阿贡西略（Agoncillo）旁的工业区有一座迷人的●伍尔特博物馆（Polígono Industrial El Sequero，Avenida Cameros 周二至周六11:00—20:00，周日11:00—15:00 www.museowurth.es）：它有两点比较吸引游人，一是它高品质的艺术，二是免费入场。在现代化的展厅里，艺术家们不定期进行作品展，其中常常有世界闻名的大艺术家。

在莱昂和圣地亚哥舒适的酒馆里，啤酒和葡萄酒爱好者可以获得搭配酒品的免费小吃。

在洛格罗尼奥，我们推荐您参观按主题划分区域的博物馆——里奥哈博物馆（Museo de la Rioja）（Plaza de San Agustín 周二至周六 10:00—14:00和16:00—21:00，周日10:00—14:00）。这座博物馆是一座具有历史意义的城市宫殿，免费入场。

魅力所倾倒。节日期间，住宿价格会比平时贵很多。

潘普洛纳（Pamplona）作为建于罗马时期的纳瓦拉的首都（人口20万，巴斯克语写作Iruña或者Iruñea），是圣雅各之路上最大的城市。潘普洛纳历史悠久的区域坐落着城堡广场和巴洛克风格的市政厅。小巷子在这片区域交错纵横。

景点

圣玛丽亚大教堂（Catedral de Santa María）

老城的最高点是教堂神圣的哥特式十字架和50米高的双子塔。教堂的正面是古典主义风格的，但里面却是哥特式的。在教堂中心有纳瓦拉卡洛斯三世国王和他的王后莱昂诺尔的雪花石陵墓。Calle de la Curia 周一至周六10:30—17:00，4月至10月延长至19:00 www.catedraldepamplona.com

堡垒（Ciudadela）

这个堡垒在城市西边，靠近绿化地带。城墙建于16—17世纪，原来被当作弹药库的建筑，如今被用作艺术展览举办地。入口在陆军大道（Avenida del Ejército）和城堡公园（Vuelta del Castillo），免费入场。

纳瓦拉博物馆（Museo de Navarra）

这个博物馆有5层展览区，从罗马马赛克表现主义到现代艺术，应有尽有。博物馆内的珍品当属戈雅为圣阿德里安大公画的肖像画。Cuesta de Santo Domingo 周二至周六9:30—14:00和17:00—19:00，周日11:00—14:00

美食

Montón

游客区之外有好吃的家常菜，在工作日您可以在这里以低廉的价格吃到美味的午餐套餐。在这条街上有很多这样的饭馆。Jarauta 29 周一不营业 € 9 48 22 21 41

塔帕斯小吃

受欢迎的两条酒馆街是圣尼古拉斯街（Calle San Nicolás）和圣格雷戈里奥街（Calle San Gregorio）。在Café Roch和Río里有当地锦囊好吃的塔帕斯小吃。

住宿

Eslava

大门很不显眼，位于漂亮的林荫道附近安静的老城角落里。28个房间。Plaza de la O 7 € 9 48 22 22 70 www.hotel-eslava.com

Gran Hotel la Perla

这是一个位于主广场上精致奢华的旅馆，海明威和卓别林都曾在这里留宿。 44个房间。Plaza del Castillo €€€ 9 48 22 30 00 www.granhotellaperla.com

Maisonnave

位于市中心的市政厅附近。如果您想要安静的居住环境，请选择较高的楼层。带有酒吧和餐厅。138个房间。Calle Nueva 20 €€ 9 48 22 26 00 www.hotelmaisonnave.es

盛大节日还是集体发疯？在潘普洛纳有圣费尔明节的狂欢纪念像

问询中心

Plaza Consistorial，San Saturnino 2 9 48 42 07 00 www.turismodepamplona.es

周边景点

埃斯特利亚（Lizarra）（折页K3）

埃斯特利亚位于潘普洛纳西南43千米处。在城市旅游期间的3个亮点分别是哥特式圣墓教堂的雕塑大门、建于12—13世纪的罕见的半回廊和纳瓦拉国王的罗马式宫殿。现代艺术博物馆（周二至周五9:30—13:00，周六、周日11:00—14:00 www.museogustavodemaeztu.com）里有巴斯克画家古斯塔夫·德·曼兹图（Gustavo de Maeztu）（1887—1947年）的作品。您可以在Hotel Yerri（28个房间 Avenida Yerri 35 ¥€ 9 48 54 60 34 www.hotelyerri.es）住宿和用餐。问询中心 San NiNicolás 1 9 48 55 63 01 www.estellaturismo.com

蓬特拉雷纳（Puente la Reina）（折页K3）

在潘普洛纳西南25千米入口处的小的朝圣者雕像预告着：圣雅各之路的两条分支法兰西路（Camino Francés）和阿拉贡路（Camino Aragonés）汇合在这里。特别漂亮的罗马式大桥可以追溯到11世纪。这条朝圣者之路经过十字架教堂、圣地亚哥教堂和一些小酒吧。可以住宿在Hotel Jakué（28个房间 Irunbidea ¥€ 9 48 34 10 17 www.jakue.com）。绕路约5 000米就到了罗马式教堂Santa María de Eunate（12世纪），高速公路的入口早已标示出了这座著名的教堂。这座小教堂位于阿拉贡路的开阔场地上，对许多朝圣者来说，是圣雅各之路上最美的风景。拱廊包围起了小教堂的八角形结构，椽木和古老的石匠标志很引人注目。

奥雷亚加（Roncesvalles）★（折页L3）

奥雷亚加古老的奥古斯丁修道院位于潘普洛纳东北50千米，伊班尼塔1 057米高的山口的斜坡旁。它经

您一定要在这座桥上走一走：在蓬特拉雷纳，两条圣雅各之路的主要分支在这里汇合

受了从12世纪以来时不时出现的恶劣天气。在修道院所属教堂里，光线透过明亮的玻璃窗洒进来，信徒们供奉着圣母的雕像。您可以买一张联票来参观十字形回廊、教堂、带有地下尸骨存放处的“查尔斯大帝的谷仓”和博物馆（10:00—14:00和15:30—18:00，夏季延长至19:00）。这个博物馆是个真正的当地锦囊宝库，里面保存着圣人遗物的匣子，被叫作“查尔斯大帝的棋盘”。www.roncesvalles.es

在伊班尼塔山口，一座纪念像提醒着人们罗兰德骑士的传奇故事。他在778年率领军队为查尔斯大帝（即被后世尊称为“欧洲之父”的查理曼）殿后，在与摩尔人的奥雷亚加战役中牺牲。在山口最高点可以看到比利牛斯山周边美丽的景色。2 000米长的小路穿过绿地，向下直到奥雷亚加。您可以在奥雷亚加干道旁的La Posada（19个房间 ¥€ 9 48 79 03 22 laposada@roncesvalles.es）住宿和用餐。

蓬费拉达

（折页E3）蓬费拉达（Ponferrada）这座庄严美丽的城市位于高原上，有7万人口，从罗马时期以来，这个位于锡尔河和博伊兹河旁的城市就被记录在册。

老城的范围在市政厅广场和城墙之间，其中有风景如画的拉洛街（Calle del Reloj）。在文艺复兴时期的恩茨纳大教堂（Basílica de la Encina）里，信徒们供奉着圣栎圣玛丽的雕像，她是城市的守护神。据说人们清理堡垒时在一个树干里发现了这件雕像。中世纪的圣殿骑士城堡群（Castillo de los Templarios）（开放时间不固定，主要的开放时间：周二至周六11:00—14:00和16:30—19:00，周日11:00—14:00）周围有一道城墙，临近锡尔河，它对防御外敌很有用。圣殿骑士在1178—1312年住在这里。我们推荐您在现代化的Hotel AC Ponferrada（60个房

间 Avenida Astorga 2 ¥€～€€ 9 87 40 99 73 @www.marriott.de）住宿。您可以在市中心的Mesón Cervecería La Taberna（ Plazadel Ayuntamiento 4 ¥€～€€ 9 87 40 90 01）吃到可口的美食，它过去是一个酒窖。问询中心 Gil y Carrasco 4 9 87 42 42 36 @www.ponferrada.org

周边景点

拉斯梅杜拉斯（Las Médulas）（折页E3）

西南25千米处有开采于罗马时期的金矿，现已被联合国教科文组织列入《世界遗产名录》。当您在路上游历，往这个地区深处走时，从 Orellán远眺点可以看到美丽的全景。

俄塞布里尔（O Cebreiro）（折页E3）

它是圣雅各之路上最美的村庄之一，位于蓬费拉达西北50千米处，海拔1 300米。在它建于罗马时期的教堂里有神圣的加利西亚地区的圣杯。凯尔特人时期重建的帕洛扎（pallozas）很有特色，是有芦苇房顶的石料房子。在村庄中心有一些小酒馆和饭馆。一块路标向朝圣者指出，到圣地亚哥还有151千米。

别尔索自由镇（Villafranca del Bierzo）（折页E3）

这个小城位于蓬费拉达往西20千米处，以葡萄园和雅各布教堂和它历史悠久的赦免门而出名。由于生病而不能到达圣地亚哥的朝圣者，在这里提前获得赦免。在城中心的市政厅广场上，您可以看到一些露天咖啡店。附近别尔索（El Bierzo）地区的红酒口感很好。

圣地亚哥–德孔波斯特拉

（折页C3）★ **传说9世纪初，奇特的星光为一位叫佩拉约（Pelayo）的隐士指明了长期下落不明的耶稣使徒雅各布的陵墓所在地，最终，特奥多米罗（Teodomiro）主教重新发现了这个陵墓。**

由此，一个新的朝圣地诞生了。现如今，圣地亚哥–德孔波斯特拉（Santiago de Compostela）是加利西亚地区的首府（人口约10万），也是西班牙最美的大学城之一，有超过1万名大学生。所有朝圣者的出发点都是那座被认为在地下墓穴存有雅各布遗体的教堂。城市节庆开始于7月25日雅各布节前后。充满活力的大学生和朝圣者聚集在一起。酒馆和饭店聚集在弗兰克街（Rúa do Franco）和维拉尔街（Rúa do Vilar）。在老城里分布着至少80座历史纪念碑，大部分是用花岗岩制成的。最重要的大教堂正立面面向欧巴多里奥广场（Obradoiro），在这个广场上有曾经的朝圣者医院（现在是旅馆）、加利西亚政府（Pazo de Raxoi）和罗马式的大主教宫殿（Pazo de Xelmírez）。“加利西亚文化城”（Cidade da Cultura）（@www.cidadedacultura.gal）是先锋建筑艺术的反面代表，它在城外一座山的山顶上，很显眼。这个包含一座大图书馆的项目由建筑师皮特·艾森曼（Peter Eisenman）主持设计，被认为是巨大的财政浪费，招致了许多批评。

景点

大教堂

这座教堂对旅游者来说，是必游之地。在这座朝圣者教堂附近有许多值得参观的地方：登上巴洛克式的高高的主祭台，人们可以从后面拥抱雅各布像。向下进入地下室，人们可以瞻仰他的遗骨。游客可以站在教堂的荣耀门廊（Pórtico de la Gloria）前——这是大师马特奥（Mateo）的罗马式的宏伟作品，中间柱子上有耶稣使徒的雕像。在节庆时或付费预约后（例如乘游船旅行的大批游客们的预约），巨大的香炉会被上提，这种盛况大多数出现在12:00的朝圣者弥撒之后。人们会经历一个大场面，大香炉在精心制作的绳子系统里快速上升，几乎要撞到教堂的中殿！

大教堂挨着一个博物馆（🕒10:00—20:00，4月至10月9:00—20:00），在这里，人们可以参观君主先人祠、十字形回廊和宗教的收藏。大教堂的重建工作将于2021年完成。@www.catedraldesantiago.es

圣地亚哥朝圣者博物馆（Museo das Peregrinacións e de Santiago）

大教堂附近的朝圣者博物馆记录着与圣雅各之路相关的朝圣的历史。这里有雕塑、绘画和珠宝。🏠Praza das Praterías 🕒周二至周六 9:30—20:30，周六10:15—14:45 @museos.xunta.gal/es/peregrinacions

加利西亚人民博物馆（Museo do Pobo Galego）

这座人民博物馆的展品涵盖了钓鱼、旧工艺品、加利西亚服饰和音乐。这座博物馆原址是一座多明尼哥会修道院。🏠Rúa de Valle Inclán 🕒周二至周六10:30—14:00和16:00—19:30，周日11:00—14:00 @www.museodopobo.gal

阿拉米达公园（Parque da Alameda）

圣地亚哥的城市公园，四周是宽阔的长廊。在夜晚灯光的映射下，从这里可以看到令人印象深刻的教堂主立面。

美食

Café Casino

圣地亚哥位于步行区最美的咖啡屋，这里有各种沙拉和面包供您选择。🏠Rúa do Vilar 35 🕒每天 ¥€ 📞981 57 75 03

唐·吉诃德饭馆（Don Quijote）

这里是海鲜爱好者的天堂，烤乳猪可以满足肉食爱好者的味蕾。🏠Galeras 20 🕒每天 ¥€€€ 📞981 58 68 59 @www.quijoterestaurante.com

购物

从周一至周六上午，阿拜托斯广场（Praza de Abastos）的每周集市都很热闹。新鲜的鱼（除了周一）和奶酪在集市上比比皆是，带篓子的妇女在为蔬菜和药草叫卖着。

住宿

Campanas de San Juan

这家服务态度很好的高品质膳宿

1 000多年来，大教堂里的大香炉吸引着朝圣者

公寓位于老城，离大教堂很近。它的位置不太好找，不适合驾车前往。7个房间。Campanas de San Juan 6 ¥€ 9 81 55 27 37 @campanas-desanjuan.com

赫斯珀里亚朝圣酒店（Hesperia Peregrino）

这是一个距离老城约15分钟步行路程的四星级酒店，它远离城市的喧嚣。特别吸引人的地方是：在夏天时，这里有一个带小片绿化地的游泳池。在高层的房间，视野很好。156个房间。Avenida Rosalía de Castro ¥€€ 9 81 52 18 50 @www.nh-hoteles.es

问询中心

Rúa do Vilar 63 9 81 55 51 29 @www.turgalicia.es

周边景点

穆罗斯诺伊阿港（Ria De Muros E Noia）（折页C2-3）

穆罗斯诺伊阿（人口1.6万）在海湾伸入内地最深的海角西面约35千米处，有圣马丁教堂和Santa María a Nova。越往深海走，贝壳形的小船就越多。在海港城市穆罗斯（Muros）（人口3 000），专做鱼类的饭馆，如美味的Don Bodegón（Porta da Vila 每天 ¥€～€€ 9 81 82 78 02）是不容错过的。从供应塔帕斯小吃的酒吧巷子里也飘出诱人的香味。在吃饱喝足后，推荐您在码头上散散步。往西南走几千米，就可以看到当地锦囊 圣弗朗西斯科沙滩（Playa San Francisco）。在穆罗斯诺伊阿，推荐您在物美价廉的Hotel Muradana（15个房间 Avenida Castelao 99 ¥€ 9 81 82 68 85 @www.hotelmuradana.es）住宿。

比利牛斯山和埃布罗河谷

比利牛斯山作为一道天然屏障将西班牙和中欧分开，绵延超过400千米，从大西洋沿岸直到地中海沿岸。山脊最高处海拔3 404米。自然公园保护着其原生态的自然环境。山峰和河谷错落有致。

住在乡间的别墅里，使得探索偏僻的角落也变得容易。整体来说，比利牛斯山对喜欢独处的人来说是个理想的目的地。即使在夏天和周末游客很多的时候，这里的与世隔绝和安静也不会被打破。这里的冬季很适合滑雪运动，不管是长距离越野滑雪还是高空滑雪都令人流连忘返。

韦斯卡

（折页M4）**这座省会城市（人口5.1万）在比利牛斯山和埃布罗河之间约500米处。**

在罗马时期，韦斯卡（Huesca）被叫作奥斯卡（Osca），曾在中世纪时短期地作为阿拉贡王国的首府。这座内陆城市是简单到可以一眼看穿的，它以让人舒服的方式展现着乡野魅力。高速铁路网络并没有通到这里。

景点

大教堂

作为摩尔人的主清真寺，这座

在高山的阴凉处：热爱大自然的人来这里就对了，在这里，人们可以探索从未被踏上的小路。

哥特式的教堂建造于13世纪，中心祭坛是哥特风格和文艺复兴风格的结合。游客可以在参观完大教堂之后，顺便参观教区博物馆（周一至周五10:30—14:00和16:00—18:00，周六10:30—14:00 www.museo.diocesis-dehuesca.org）。

艺术与自然中心（Centro de Arte y Naturaleza）

拉斐尔·莫尼奥用这座艺术与自然中心为韦斯卡注入了现代建筑的活力。许多当代艺术展在这里举办。Avenida Doctor Artero 周六11:00—14:00和18:00—21:00，周日11:00—14:00，11月至次年3月周四、周五17:00—20:00，周六17:00—20:00 www.cdan.es

圣佩德罗埃尔维耶荷（San Petro El Viejo）

独特美丽的十字形回廊是这座罗

马式教堂的突出特点。每个柱头都是世上独一无二的珍贵建筑。Cuatro Reyes 周一至周六10:00—13:30和16:30—18:00，周日11:00—12:15和13:10—14:00 www.sanpedroelviejo.com

美食

Comomelocomo

性价比很高的小吃酒吧和饭馆的综合体。Padre Huesca 5 每天 € 9 74 23 86 08

住宿

Joaquín Costa

物美价廉的现代化旅馆。所有房间都配有浴室和电视。Calle Joaquín Costa 20 € 9 74 24 17 74 www.hostaljoaquincosta.com

Sancho Abarca

位于市中心的现代舒适的房子。有着良好细心的服务。带温泉浴场。57个房间。Coso Alto 52 €~€€ 9 74 22 06 50 www.hotelsanchoabarca.com

问询中心

Plaza Luis López Allué 9 74 29 21 70 www.huescaturismo.com

周边景点

坎丹奇奥（Candanchú）（折页L3）

这个在法国边境以北100千米的冬季运动胜地有高山酒店、滑雪升降机和2 400米的滑雪道等待着游客的光临。大的停车场位于去松波尔特峰的路边，这条路是比利牛斯区朝圣之路与普通阿拉贡地区道路的过渡。海拔1 560米的坎丹奇奥旅馆（46个房间 Carretera de Francia €~€€ 9 74 37 30 25 www.hotelcandanchu.com）是典型的冬季运动旅馆，在6月中旬至9月初的时候会有明显的夏季折扣。

洛阿雷城堡（Castillo de Loarre）★●（折页L3）

11世纪建造的抵抗摩尔人的堡垒，位于韦斯卡西北30千米的雷奥拉村后面不远处，是西班牙最宏伟的城堡建筑之一，也曾是好莱坞电影取景地。在内部，游客可以登上主塔（6月中旬至9月中旬10:00—20:00，3月至6月中旬和9月中旬至10月10:00—19:00，11月至次年2月周二至周六11:00—17:30 www.castillo-deloarre.es）的顶端。

哈卡（Jaca）（折页L3）

这座活力小城有1.4万人口，位于韦斯卡北部65千米处，是中世纪城市发展的见证者，在军事上具有战略性意义。自古以来，朝圣者们翻过松波尔特峰，穿过哈卡走到阿拉贡路。老城中心有罗马式的大教堂和值得一看的十字形回廊以及教会博物馆。堡垒也是重要的游览地，在这里您可以看到视野开阔的比利牛斯山风光，有许多条小路通向这里。Hotel Conde Aznar（34个房间 Paseo de la Constitución 3 €€ 9 74 36 10 50 www.condeaznar.com）是一所家庭经营的旅馆，就在这个堡垒附

近。问询中心 Plaza de San Pedro 11–13 9 74 36 00 98 www.jaca.es

令人印象深刻的早期的罗马式岩石修道院当地锦囊 圣胡安德拉佩纳修道院(Monasterio de San Juan de la Peña)(10:00—14:00和15:30—19:20，冬季周六只开放到17:00)在哈卡西南20千米处，它的十字形回廊在岩石层下面，非常值得参观。

莱尔(Leyre)、哈维尔(Javier)、桑圭萨(Sangüesa)和索斯–德尔雷卡托利科(Sos del Rey Católico)

(折页L3)

从阿拉贡到纳瓦拉延伸处，在韦斯卡西北的开阔区域内有许多值得参观的地方，将它们安排在参观哈卡之后很合适。参观的第一站是莱尔的群山。★莱尔修道院(Monasterio de Leyre)(也被叫作San Salvador de Leyre，在高速公路的支路上)所在的高地之上，莱尔山脉的山岩险峻耸立，在深深的河谷里有碧蓝色的耶萨水库。在群山环绕，与世隔绝的环境中，您可以好好感受西班牙北部最令人印象深刻的修道院之一。

有着厚重拱顶的罗马式的地下室和深深嵌进地里的柱子在修建修道院的早期就已经存在了，华丽的大门和人物浮雕吸引着人们走进这座12世纪的罗马哥特式教堂(3月至5月和10月10:15—19:00，6月至9月10:00—19:30，11月至次年2月10:30—18:00 www.monasteriodeleyre.com)里。本笃会的修女们住在这个修道院里；在做弥撒的时候，她们会唱格里高利式赞歌。您可以在Hospedería旅馆里舒服地过夜(32个房间 ¥€ 9 48 88 41 00)，这个旅馆就在修道院核心区的附近。在这里您可以很好地休息，吃到美味的饭菜。

去莱尔山脉的路上，您可以看见位于山间高地上的哈维尔城堡(3月至10月10:00—18:30，11月10:00—17:30，12月至次年2月10:00—16:00 www.santuariodejavier.org)。方济各·沙勿略(Francisco Javier，1506—1552)出生在这座城堡里，是耶稣会的建立者之一，长年担任亚洲的传教士和纳瓦拉的守护圣徒。临近城堡有一座教堂。

阿拉贡河旁的朝圣者小城——桑圭萨的珍贵文物是建于12世纪的圣玛丽亚教堂(Santa María la Real)，它华丽的人物浮雕大门值得一看。在历史区有现代的、舒适的二星级酒店Yamaguchi (40个房间 Carretera Sangüesa–Javier ¥€ 9 48 87 01 27 www.hotelyamaguchi.com)。

必游景点

★奥尔德萨和佩尔迪多山国家公园
在比利牛斯山的中心区域漫步。→P.82

★洛阿雷城堡
一座在阿拉贡的与世隔绝中的梦幻城堡 。→P.80

★埃格斯托特斯国家公园
自然的山景、森林和湖泊在这座国家公园里完美地结合在一起。→P.84

★莱尔修道院
比利牛斯山上的修道院，有着特别的地下室和带有人物浮雕的大门。→P.81

向桑圭萨东南走15千米，您可以到达梦幻般的石头城当地锦囊索斯德尔雷卡托利科（Sos del Rey Católico），它的核心区域都是建筑保护文物。

奥尔德萨和佩尔迪多山国家公园（Parque Nacional Ordesa y Monte Perdido）★（折页M3）

冰川在阿拉贡比利牛斯山的奥尔德萨留下的“U”形河谷，是既狂野又浪漫的原生态山景，这里吸引着世界各地的游客。在海拔3 355米的佩尔迪多山峰下，韦斯卡东北100千米处是国家自然保护公园（@www.ordesa.net），占地面积足足有150平方千米。

向前看：国家公园的桥突现在眼前！

对于徒步者来说，一日游的经典路线是从布罗托东北10千米的地方开始，海拔约1 200米的地方有一个大停车场——奥尔德萨草地（Pradera de Ordesa），在复活节前一周、7月中旬至9月中旬以及10月12日节日前后都会关闭。届时会有从托尔拉（Torla）出发和到托尔拉的付费摆渡车（问询中心 Oficina de Turismo 9 74 48 63 78 @www.torla.es）。从大停车场出发，徒步旅行的目的地是位于美丽的奥尔德萨河谷尽头的马尾瀑布（Cola de Caballo）。再长一点的路线就到达佩尔迪多峰了。在托尔拉有几家旅馆，如带泳池的Hotel Villa de Torla（20个房间 Plaza Aragón 1 ¥€ 9 74 48 61 56 @www.hotelvilladetorla.com）。

龙卡尔（Roncal）（折页L3）

龙卡尔谷是纳瓦拉地区比利牛斯山东边的山谷，山谷深长，开满了白色的花。在冬天，这里有足够长的越野滑雪线路。龙卡尔位于韦斯卡西北120千米，对于徒步旅行和自然爱好者来说是一个好地方。附近有许多民宿，还有出售羊奶奶酪的小店。问询中心 Carretera Isaba 9 48 47 53 17 @vallederoncal.es

拉塞乌杜尔赫利

（折页N-O3）**仅仅是拉塞乌杜尔赫利（La Seu D' Urgell）周边地区，就值得来游玩一趟：宽阔翠绿的河谷、草地以及苹果树林，向南望，可以看见卡迪山脉（Serra del Cadí），位于比利牛斯山脉主干线以北。**

除此之外，这座只有1.3万人口的小城还有风景如画的老城巷子，如马约尔街和被拱廊掩映的卡农格斯街（Carrer dels Canonges）。在这里，您应该去当地人爱去的小吃吧，喝杯葡萄酒放松一下。洛斯姆斯广场（Plaça dels Oms）上有很好的咖啡馆。老城的建筑瑰宝是罗马式的圣玛丽亚大教堂，西班牙最美的十字回廊、必游的教堂博物馆（🕒3月中旬至10月周一至周六 10:00—13:30和16:00—18:00、19:00，周日 10:00—13:30；11月至次年3月中旬 10:00—13:30）和教堂连在一起。您可以选择在瓦里拉（Valira）城市公园或是在塞格雷奥林匹克公园（Parc Olímpic del Segre）散步。

周边景点

安道尔（Andorra）（折页O3）

这个国土面积464平方千米的袖珍国家位于大教堂往北10千米，被称为"避税天堂"。它的首都安道尔城（人口约2.2万）是购物者的天堂，这里林立着许多银行和大商场，主要销售酒、香水、相机和服装。历史悠久的国会所在地山谷石屋（Casa de la Vall）（建于16世纪）和带有罗马式半圆形后殿的圣史蒂芬教堂（Sant Esteve）也在这里。这个仅有8.5万人口的国家的冬季运动场地十分受滑雪者喜爱，有超过270千米的滑雪道。@ visitandorra.com

卡迪-莫伊谢罗自然公园（Parc Natural del Cadí-Moixeró）（折页O3）

足有400平方千米的自然公园，位于拉塞乌杜尔赫利东南25千米，为羚羊、鼬和金雕提供了自然生存空间。这里的植物有银杉、松树、欧洲刺柏和杜鹃花等。陡峭的比利牛斯山山前地带海拔达到2 648米。在春秋两季，很多游客会从卡瓦（Cava）、埃斯塔纳（Estana）和安索威尔（Ansovell）出发进行徒步旅行。

省钱有道

离韦斯卡最近的郊游地就是建于11世纪的阿拉贡山城堡（Castillo de Montearagón），它庄严的遗址就在东边的山顶上。不论何时去参观，免费入场。

省博物馆（Museo Provincial 🏠Plaza Universidad 1 🕒周二至周六10:00—14:00和17:00—20:00，周日10:00—14:00）入场免费，这里有美术和考古文物。

在萨拉戈萨，如果您想参观许多博物馆和纪念馆的话，买一张萨拉戈萨卡（@www.zaragozacards.com）是很划算的，有24小时卡和48小时卡（20、23欧元），内含5张或7张公共交通票。

埃格斯托特斯国家公园（Parque Nacional de Aigüestortes）★（折页N3）

往西北走80千米就是这座国家公园，这里有约3 000米高的自然山景、瀑布、冰川湖和松树林。公园内最大的湖是圣莫里西（Sant Maurici）湖。您可以从埃斯波特（Espot）或博伊（Boí）进入公园，两边都有游客中心。@www.magrama.gob.es/es/red-parques-nacionales

贝纳斯克山谷（Valle de Benasque）和阿兰山谷（Valle de Arán）（折页M-N3）

在西班牙与法国的边境处，您可以游览比利牛斯山中段贝纳斯克山谷和阿兰山谷等许多美丽的山谷。贝纳斯克（Benasque）和别拉（Vielha）的主要产业就是山区旅游，并且从中获利很多，是很好的徒步漫游地。从贝纳斯克出发可以到达滑雪地塞尔勒（Cerler）和有比利牛斯山最高峰——阿内托峰（Pico de Aneto）（海拔3 404米）的马拉德塔（Maladeta）自然公园。

在别拉，Hotel El Ciervo（20个房间 Plaza de San Orencio 3 ¥€€ 973 64 01 65 @hotelelciervo.net）是个值得推荐的旅馆。贝纳斯克往南20千米的Renanué有安静的民宿El Acebo de Casa Muria（7个房间 Calle Única 8 ¥€€ 974 11 13 13 @www.casamuria.com）。

萨拉戈萨

（折页L4）**阿拉贡的省会城市（人口约70万）。由于工业园区众多，卫星城镇密布，这座城市第一眼看上去并不是那么有魅力。但是，这种印象会在历史区被扭转。**

在这里，人们能够感受到罗马时期古老的萨拉戈萨（Zaragoza），惊叹于摩尔人在阿尔哈菲莉亚宫（La Aljafería）留下的历史遗产，欣赏世界著名的绘画大师弗朗西斯科·戈雅的画作。2008年的世界博览会给萨拉戈萨留下了一个水族馆（@www.acuariodezaragoza.com），一座由萨哈·哈迪德（Saha Hadid）设计的桥（Pabellón Puente）以及76米高的水塔（Torre del Agua）。埃布罗河河岸和城市公园（Parque Grande）周围风景秀丽。

景点

圣母大教堂（Basílica de Nuestra Señora del Pilar）

这座华丽的圣母大教堂是这座城市的标志。这座教堂的建筑形式可以追溯到17—20世纪。柱子上小小的圣母像享受着至高无上的尊崇。在☀高塔上，人们可以看到全城和河上的风景。Plaza del Pilar 6:45—20:30，夏季延长至21:30；高塔10:00—14:00和16:00—18:00，夏季延长至20:00

拉赛欧大教堂（La Seo）

12—18世纪多种风格混合的建筑，建在一座清真寺的旧址上。Plaza de la Seo 夏季周六至下周四10:00—21:00，周五10:00—18:00；其他季节周一至周五10:00—14:00和16:00—18:30，周六、周日10:00—12:00和16:00—18:30

交易中心（La Lonja）

建于16世纪辉煌的文艺复兴时期的宫殿，现如今成了展览中心。只在有展出时开放。Plaza de la Seo 2 周二至周六10:00—14:00和17:00—21:00，周日10:00—14:30

塞萨罗古斯塔博物馆（Museo del Foro de Caesaraugusta）

这里的地下埋藏着萨拉戈萨古罗马时期的印记。Plaza de la Seo 2 周二至周六10:00—14:00和17:00—21:00，周日10:00—14:30

美食

Celebris

萨拉戈萨餐饮业的招牌，在论坛上一再得到高分好评。服务周到，价格适中。Paseo de los Puentes 2（在Hiberus酒店里） 周日和周一不营业 €€€ 8 76 54 20 06 www.restaurantecelebris.com

塔帕斯小吃

无数的小吃酒吧聚集在萨拉戈萨中心。建议您去如下地方：圣玛尔塔广场（Plaza Santa Marta），圣佩德罗诺拉斯科广场（Plaza San Pedro Nolasco），马格达莱纳地区（Zona de la Magdalena）和圣米格尔地区（Zona San Miguel）。

夜生活

您可以在图波（El Tubo）区和上文提到的小吃聚集地找到许多酒吧。

在萨拉戈萨，不管您去哪里，大教堂的高塔和拱顶就在您眼前

住宿

加泰罗尼亚支柱酒店（Catalonia El Pilar）

这家酒店位于市中心，是20世纪初新艺术风格的建筑，现代且舒适。66个房间。Manifestación 16 €~€€ 9 76 20 58 58 www.hoteles-catalonia.com

Cataluña

城市里价格较低的旅店，配套设施比较简单。50个房间。Coso 94–96 € 9 76 21 69 38 www.hostalcataluna.com

问询中心

Plaza del Pilar 9 76 20 12 00 www.zaragoza.es/ciudad/turismo

地中海海岸

在地中海沿岸，人们全年都可以实现自己对于假期的梦想。混凝土路面和美丽的海湾，长长沙滩上的陡峭山崖，贝尼多姆和滨海略雷特以及像塔拉戈纳一样的历史古城可以满足人们各种各样的期待。地中海沿岸的巴塞罗那是一座世界性大都市。

从东北到西南，很多风景秀丽的海岸可供选择，有布拉瓦海岸（Costa Brava），黄金海岸（Costa Daurada），橙花海岸（Costa del Azahar），巴伦西亚海岸（Costa de Valencia），白色海岸（Costa Blanca）和温暖海岸（Costa Cálida）。在某些地方，平均每年晴天时间超过300天。许多外国游客喜爱并享受这里的阳光和温暖。海水水质好的沙滩会用蓝色的旗帜标明。

阿利坎特

（折页M9）**早在罗马时期，人们就对这里钟爱有加。这里有美丽的海滨、游艇和景色宜人的公园。**

阿利坎特（Alicante）（人口32万）的生活围绕着大海展开，在老城的生活围绕着巴洛克风格的市政厅和圣尼古拉斯大教堂展开，而在商业区的生活则围绕着门德斯努涅斯大街（Rambla Méndez Núñez）和码头展

上图：布拉瓦海岸边的卡达克斯

经典的度假胜地：法国和安达卢西亚之间的海湾、沙滩和充满活力的城市。

开。上午时分，中央市场（Mercado Central）上弥漫着南部的市场氛围，在长满棕榈树、镶嵌有660万块不同颜色的大理石的西班牙广场（Explanada de España）上，上帝与世人相遇。

景点

圣巴巴拉城堡（Castillo de Santa Bárbara）

雄伟的城堡坐落在险峻的贝纳坎蒂尔山（Benacantil）上，俯瞰着城市美丽的景色。城堡的建造可以追溯到9世纪末的摩尔人时期。在1248年的圣巴巴拉节，基督徒成功夺回了这座城堡。现存的古老的最高部分和城堡主楼（Torre del Homenaje）遗迹被称为炮塔（La Torreta）。城堡的一部分，包括地牢和“英国人洞穴”，构成了阿利坎特城市博物馆（Museo de la Ciudad de Alicante）。您可以乘电梯方便快捷地到达城堡。 7

在贝尼多姆地中海阳台（Balcón del Mediterráneo）欣赏如画美景

月、8月10:00—24:00，4月至6月、9月10:00—22:00，10月至次年3月10:00—20:00

格拉维纳美术博物馆（Museu de Belles Arts Gravina）

这座美术馆在一座18世纪的宫殿里。它向世人展示了阿利坎特从中世纪开始到20世纪上半叶的艺术。Gravina 13–15 7月、8月周二至周六11:00—21:00，周日11:00—15:00；9月至次年6月周二至周六10:00—20:00，周日10:00—14:00 @www.mubag.org

美食

Bodegón del Mar

码头旁的特色经典菜馆，菜肴众多，大虾、油炸丸子和各种搭配米饭的菜，应有尽有。Marina Deportiv，Muelle de Levante 每天 ¥€~€€ 9 65 21 72 08

Dársena

在这里，码头美景和美食可以兼得。这里的米饭和配菜种类繁多特别好吃。Marina Deportiva，Muelle de Levante 6 周日晚上和周一不营业 ¥€€€ 9 65 20 73 99 @www.darsena.com

休闲/运动

几千米长的圣胡安沙滩（Platja de Sant Joan）离城市很近，特别受游客欢迎。您可以乘船到有人居住的当地锦囊泰拜尔盖岛——这里过去常常被海盗光顾。这个小岛有1 800米长，最宽处达400米。岛上有一个小沙滩——里凡特海滩（Platja de Llevant）。

住宿

Castilla Alicante

这个带有泳池的三星级酒店离圣琼海滩很近，在淡季时，便宜的价格很吸引人。155个房间。Avenida Países Escandinavos 7 €~€€ 9 65 16 20 33 @www.alicantehotelcastilla.com

Hospes Amerigo

高端的城市酒店，建在曾经的多米尼加修道院里。房间舒适，装潢风格各不相同。有温泉浴场和屋顶露台。80个房间。Rafael Altamira 7 €€€ 9 65 14 65 70 @www.hospes.com

问询中心

Rambla de Méndez Núñez 41 9 65 20 00 00 @www.alicanteturismo.com

周边景点

贝尼多姆（Benidorm）（折页M9）

“地中海的曼哈顿”——这个说法很符合这座新兴的旅游城市（人口7.4万）。它位于白色海岸边，在阿利坎特东北约45千米处。这里有许多旅馆和娱乐场所。两个著名的细沙沙滩分别是2 100米长的莱万特海滩（Playa de Levante）和更长的波尼特海滩（Playa de Poniente）。在老城边缘的林荫道和平台上可以看到美丽的沙滩全景。重要的历史古迹是Sant Jaume教堂，教堂里有圣玛丽亚像——《祈祷的圣女》。

想在贝尼多姆找到乐趣的人一定能够如愿以偿。长夜漫漫，许多饭馆、咖啡馆、酒吧、演唱会、现场音乐会和迪斯科舞厅等着人们去光顾。许多迪斯科舞厅都聚集在城市东北往阿尔特亚（Altea）的方向。娱乐区在夏季音乐节扎堆的时期也特别热闹。特拉米提卡（Terra Mítica）主题公园为人们提供特别的娱乐活动（8月10:30—23:30，其他时候只在特定日期开放10:30—19:00/20:00，冬季关闭 @www.terramiticapark.com）。人们要准备好为此花费39欧元。这个公园的大主题是古文化，但里面也有过山车等游乐设施。

必游景点

★巴塞罗那的高迪作品
加泰罗尼亚天才建筑师新艺术风格的石头建筑。→P.92

★巴伦西亚
在这座地中海边的大城市发现它的魅力。→P.107

★佩尼斯科拉的山坡上的老城
沙滩上许多白色的房屋拼成一幅画，顶端是一座要塞城堡。→P.103

★赫罗纳
在多姿多彩的老城里漫游。→P.95

★达利戏剧博物馆
在他的故乡，达利超现实主义的想象力使人惊叹。→P.99

★塔拉戈纳
在这里，罗马时期的生活仍在延续。→P.105

推荐您在贝尼多姆靠近沙滩的Hotel El Palmeral【63个房间 Santander 12（Platja de Ponent） 9 65 85 01 76 www.hotelpalmeral.com ¥€€】住宿。问询中心 Plaza de Canalejas 1 9 65 85 13 11 www.visitbenidorm.es

卡尔佩（Calp）（折页M8）

一座巨型的山石是这个受欢迎的度假小城（人口3万）的标志。它位于阿利坎特东北约65千米处。腓尼基的航海家早就报道过这块332米高的大岩石——Peñón de Ifach。不管在卡尔佩的任何一个地方，都能看到这块大岩石。卡尔佩到处都是港口、林荫路、沙滩和海湾。小小的老城中心是维拉广场（Plaza de la Vila）。在夏天可以沿着海岸线的乘船游览。问询中心 Avenida Ejércitos Españoles 30 9 65 83 69 20 www.calpe.es

埃尔切（Elche）（折页L9）

往西南走20千米的埃尔切（人口20万）城中遍布棕榈树。棕榈树指的是从摩尔人时期生长至今的枣椰树（棕榈科的一种）。埃尔切的椰枣种植园被联合国教科文组织列入《世界遗产名录》。同属世界遗产的还有8月14、15日在圣玛丽亚大教堂上演的神秘剧——Misteri d' Elx。在位于城墙遗迹和阿尔卡萨尔古城堡（Alcàsser de la Senyoria）后面受人欢迎的城市公园（Parc Municipal）里，也生长着许多棕榈树。这趟游玩的亮点在于风景如画的●治愈花园（Huerto del Cura）（ Porta de la Morera 10:00开放；各个季节闭园时间不同，夏季是20:30闭园 jardin.huertodelcura.com）。花园里的小路引导着人们在绿色植物和流水之间徜徉，游客也可以在这里休息放松。附近有雅致的治愈花园酒店（Hotel Huerto del Cura）（81个房间 Porta de la Morera 14 ¥€€ 9 66 61 00 11 www.hotelhuertodelcura.com）。问询中心 Plaza del Parc 3 9 66 65 81 96 www.visitelche.com

阿尔加喷泉（Las Fuentes del Algar）和瓜达莱斯特（Guadalest）（折页M8）

这里既有风景如画的田园，又有石头的梦幻村庄，这两个目的地都在贝尼多姆内地东北60千米处，可以一起参观。在卡罗萨德萨里亚（Callosa d'en Sarrià）附近涌出的阿尔加喷泉（ 7月、8月8:30—20:00，春季、秋季9:30—17:30/18:00/19:00，冬季9:00—15:30 www.lasfuentesdelalgar.com）有一块由许多瀑布和小径构成的区域。瓜达莱斯特是一个美丽的山村，这里有许多博物馆和可以望见山峰和河谷的远眺点，常常吸引着许多游客。

CITY 从这里出发

理想的出发点是加泰罗尼亚广场（Plaça de Catalunya）（折页d4-5），这是一个地铁站，也是旅游观光大巴的站点。请您从广场移步到街道，再漫步到码头。在某些地方，会有分叉的小路通向哥特区。要到以新艺术风格建筑闻名的扩展区，从加泰罗尼亚广场出发也是不错的选择。驾车者应该避开内城区，我们推荐您乘出租车到广场。

巴塞罗那

加泰罗尼亚的首府（人口160万），是欧洲最有活力和最吸引人的城市之一。

巴塞罗那（Barcelona）的历史可以追溯到罗马时期。这座城市赢在它的多面性。这里有公园和林荫道，老城和步行区，港口和大街，许多博物馆和安东尼·高迪的新艺术风格的建筑。法国人让·努维尔建造的高楼——阿格巴塔是现代化建筑的成就，在晚上，会有专门的灯光照着这座大楼。

巴塞罗那位于科利塞罗拉山脉（Serra de Collserola）和地中海之间，有13千米宽的海岸和许多的海滩。当地有两座山，一座离港口很近，叫蒙特惠奇（Montjuïc）山；另一座是海拔532米高的提比达波（Tibidabo）山。在这两座山的山顶远眺，景色都很美。因为不是每个景点都可以走到，所以我们推荐您乘坐十分便捷的地铁（@www.tmb.cat）。还有为游客量身定做的双层观光巴士，有3条主要的公交线路（@www.barcelonabusturistic.cat）。购票（¥27欧元/天）渠道很多，人们可以在网上或游客中心买票，也可以在某些旅馆和书报亭买票。其他的选择就带有很强的目的性了，您得做出取舍，是要看毕加索还是建筑，是要去品尝美食还是去夜晚的哥特区。身体素质较好的运动爱好者可以预订一场皮筏旅行或者自行车之旅。骑电动车、赛格威平衡车或坐人力车更加舒适。您可以在官方游客网站（@bcnshop.barcelonaturisme.com）上找到所有的权威信息（点击“Tours & Visits”）。

景点

哥特区（Barri Gòtic）（折页d–e5）

巴塞罗那老城的心脏在哥特区跳动，巴塞罗那的生活在教堂和街道上度过。宏伟的教堂的十字形回廊上的

省钱有道

在巴塞罗那，如果您买一张巴塞罗那卡的话，可以享受一些折扣，也可以免费参观某些博物馆和文化机构，除此之外，您还可以无限次乘坐公共交通。巴塞罗那卡按有效时长（3—5天）价格不等，在45～60欧元。您可以在机场或者是加泰罗尼亚广场的游客信息中心买到这种卡。如果您在@www.barcelonaturisme.com网站上预订了这种卡，可以在上述地点直接领取。30欧元的艺术票（@articketbcn.org）包含了6个著名景点。

在阿利坎特，几乎所有博物馆和堡垒的门票都免费。这里面既有当代艺术，又有古典艺术。

在埃尔切，●周日10:00—14:00、15:00之间所有市级博物馆和纪念馆均免费入场。奥特莱斯折扣店（@www.rutaoutlet.es）在东部的山区附近，在那里，您可以以实惠的价格买到鞋子。

在巴伦西亚美术馆（Museu de Belles Arts），您可以免费看到许多大师的作品。🏠San Pío V 9 🕒周二至周六10:00—20:00 @museobellasartesvalencia.gva.es

13只白鹅使人想起了这座城市的守护者尤拉莉亚殉教的那个年代。Pla de la Seu，松树广场（Plaça del Pi）和圣加乌马广场（Plaça de Sant Jaume）是巴塞罗那值得夸耀的广场，市政厅坐落在圣加乌马广场上。王宫和城市历史博物馆也值得参观。在狭窄的小巷子里漫步也不错。Carrer del Call附近的区域，在中世纪时是犹太区。皇家广场（Plaça Reial）是旅程最后一个高潮，通向临近的街道。

扩展区（Eixample）（折页c–d 4–5）

在19世纪，扩展区是城市规划图中的新城区，开始于加泰罗尼亚广场。格拉西亚大道（Passeig de Gràcia）宽60米，两旁有许多酒店和雅致的商店。这里聚集了一些很棒的现代建筑，它们是加泰罗尼亚的新艺术风格的变体。

巴塞罗那的高迪作品（Gaudís Barcelona）★

新艺术风格的天才建筑家安东尼·高迪（1852—1926）在巴塞罗那留下了闻名于世的作品。他以英国一座花园城市为样本建造了如梦似幻的古埃尔公园（春季、夏季8:00—20:00/21:30，秋季、冬季8:30—18:15 www.parkguell.cat），那里也有高迪博物馆（Casa-Museu Gaudí），高迪曾经在那里短暂地住过一段时间。他还建造了著名的米拉之家（Casa Milà/La Pedrera）（折页 c4）（Passeig de Gràcia 92 9:00—20:30和21:00—23:00 www.lapedrera.com）和巴特罗之家（折页 d4）（Passeig de Gràcia 43 9:00—21:00 www.casabatllo.es），他还为他的委托人欧斯比·古埃尔建造了古埃尔宫殿（折页 d5）（Nou de la Rambla 3–5 周二至周六10:00—17:30，4月至10月延长至20:00 alauguell.cat）。高迪还修建了宏伟的圣家堂（Sagrada Família）（Carrer de Mallorca 9:00—18:00/19:00/20:00 www.sagradafamilia.org），圣家堂至今还在修建中，建造过程要直到规划的18扇门都建好为止。高迪安葬在圣家堂的地下室。

如果打算参观高迪的建筑作品，排队买票的队伍可能会很长，门票也很贵，但这是值得的。尤其是圣家堂的内部和3个门以及米拉之家的屋顶露台。

巴塞罗那航海博物馆（Museu Marítim de Barcelona）（折页 d–e6）

单看这个航海博物馆的外形就是特别的体验了，这里曾经是皇家造船厂。周日从15:00开始，免费入场！Avinguda de Drassanes 10:00—20:00 www.mmb.cat

毕加索博物馆（Museu Picasso）（折页 e5）

精心整理的毕加索作品展，有好几个展厅。对于艺术爱好者来说，这里是必游之地！Montcada15–23周二至周六9:00—19:00，其中周四闭馆时间推后至21:30 www.museupicasso.bcn.cat

城堡公园（Parc de la Ciutadella）（折页 e–f 4–5）

这里是城市的绿色之肺，也是1888年世博会（Exposiciòn Universell de Barcelona）的展览地，慢跑者和散

在古埃尔公园，天才安东尼·高迪可以随心所欲地设计建造

步者很喜欢这个地方。公园的一部分是动物园（◷10:00—17:00，夏天延长至19:00/20:00 @www.zoobarcelona.cat）。

蒙杰伊克公园（Parc de Montjuïc）（折页 c–d6）

在这座213米高的山上，有许多景点。在历史悠久的 城堡（◷10:00—18:00，4月至9月延长至20:00）可以看到梦幻的远景。奥林匹克运动场使人们回忆起1992年的奥运会，人工的“西班牙村”（Poble Espanyol）（◷周一9:00—20:00，周二至周四9:00—24:00，周五9:00至次日3:00，周六9:00至次日4:00 @www.poble-espanyol.com）使人们想起1929年的世博会（Barcelona International Exposition）。“西班牙村”是缩小版的人造西班牙，这里的街道上尽是酒吧和饭店。国家宫（Palau Nacional）现在是加泰罗尼亚国家艺术博物馆（Museu Nacional d’ Art de Catalunya）（◷周二至周六10:00—18:00，5月至9月延长至20:00；周日10:00—15:00 @museunacional.cat），向参观者展示了10—20世纪的美术史，主要收藏有罗马风格和哥特风格的展品。西班牙画家和雕塑家胡安·米罗（Joan Miró，1893—1983）的作品是胡安·米罗博物馆（Fundació Joan Miró）（◷周二、周三和周五 10:00—18:00，夏季延长至20:00；周四10:00—21:00，周六10:00—20:00，周日10:00—14:30 @www.fmirobcn.org）的标志。

维尔港（Port Vell）（折页 e5–6）

老港口的起点位于哥伦布纪念碑之后。像有魔力一样，这里的商业区和步行区马雷马格纳（Maremagnum）吸引着无数的游客，这里的水族馆

（🕒周一至周五10:00—19:30/20:00；周六、周日10:00—20:00/20:30，7、8月延长至21:30 @www.aquariumbcn.com）是全西班牙最好的水族馆之一。乘汽艇绕着海港游览，您可以欣赏到有趣的海上港口风光。您也可以绕路去小巴塞罗那区，到时候您就会明白绕路是值得的。

兰布拉（Rambla）（折页 d5）

排名第一的步行街，不管白天还是晚上来到这里，都会是独特的经历。兰布拉大街从加泰罗尼亚广场（Plaça de Catalunya）一直向下通到哥伦布纪念碑和港口方向，经过咖啡馆、旅馆、波盖利亚市场（Mercat de la Boqueria，有名的市场，氛围不错）和利塞奥大歌剧院（Gran Teatre del Liceu）。街头艺人、音乐家、漫画家和卖花人使这一路充满了丰富多彩的活动。但是请您小心小偷！

美食

Accés（折页 c4）

对所有想在晚上享受美酒美食的人开放的饭店和酒吧。这里的菜肴是很有创新性且令人赞叹的，这里的设计风格也是这样。🏠Aribau 55 🕒周日和每天中午不营业 ¥€€€ 📞9 30 07 78 39 @acces-bcn.com

Can Culleretes（折页 d5）

源自1786年，是巴塞罗那餐饮业的经典老店。这里有地方特色菜和丰富的海鲜供应。🏠Quintana 5 🕒周日晚上和周一不营业 ¥€€~€€€ 📞9 33 17 64 85 @culleretes.com

当地锦囊 Mesón Jesús（折页 e5）

位于哥特区曲折的巷子里，靠近圣约瑟夫欧尔立欧广场（Plaça Sant Josep Oriol）。砖瓦和碎石材质的室内布置朴素却很吸引人。供应家常菜。🏠Carrer dels Cecs de la Boqueria 4 🕒周六晚上和周日不营业 ¥€ 📞9 33 17 46 98

Abanik Bar

这是一家酒吧兼餐厅，典型的西班牙式酒吧，人群拥挤，热闹非凡，想体验当地夜生活的朋友不要错过。酒吧提供各种塔帕斯小吃，鸡尾酒也很不错。招牌的Abanik沙拉值得品尝。重点是老板很有魅力，还是个“中国迷”。这家酒吧很受欢迎，如果不想长时间排队，需要预订位置。🏠Calabria 209 🕒周二至周日 19:00至次日1:00 ¥€€ 📞6 27 63 87 15

购物

加泰罗尼亚大街（Rambla de Catalunya）、格拉西亚大道（Passeig de Gràcia）、对角线大道（Avinguda Diagonal）（折页 c–d4）

这一带的内城区，商店更加精致，价格也更贵一点。您可以在老城区发现更加本土化的商店、蛋糕店和精品点心店。连锁购物中心英格列斯百货（El Corte Inglés）【尤其是在加泰罗尼亚广场的那家（折页 d4–5）和在普塔尔德安格大街（Avinguda del Portal de l' Àngel）的那家（折页 d5）】提供各种各样的商品。您可以在普塔菲萨街（Carrer de la Portaferrissa）附近区域找到适合年轻人的时装。

休闲/运动

海滩

最长最有名的是小巴塞罗那沙滩（Platja de la Barceloneta）。离市中心很远的是马尔贝拉海滩（Platja Mar Bella）和新马尔贝拉海滩（Platja Nova Mar Bella）。

夜生活

皇家广场（Plaça Reial）（折页d–e5）、埃斯库德勒大街（Carrer Escudellers）和里贝拉区（折页 e5）都是年轻人的好去处。我们推荐追求潮流和设计感的年轻人去当地锦囊波尔区（Born）。在格拉西亚区（Gràcia），当地人特别喜欢聚集在小吃酒吧里。老的港口（维尔港）（折页 e6）一直很热闹。这里的维多利亚剧院（Teatre Victòria）（折页 d6）（Avinguda Parallel 67 www.teatrevictoria.com）常常举办精彩绝伦的演唱会和音乐节。

住宿

El Jardí（折页 d5）

在哥特区很好的留宿地，旅馆门前就有一个富有情趣的广场。40个房间。Plaça Sant Josep Oriol 1 €€ 9 33 01 59 00 www.eljardi-barcelona.com

Kabul（折页 d5）

这是真正的适合背包客的旅馆，位于市中心，特别适合要求简单、喜欢聚集在一起的年轻人。有4人间和8人间，但是个人空间相对较大。222个床位。Plaça Reial 17 € 9 33 18 51 90 www.kabul.es

Neri（折页 d5）

充满情调、设计感很强的酒店，前身是哥特区一座建于18世纪的宫殿。现代化的装潢搭起了古今之间的桥梁。22个房间。SantSever 5 €€€ 9 33 04 06 55 www.hotelneri.com

问询中心

Plaça de Catalunya 17（折页 d4－5）9 32 85 38 34 www.barcelonaturisme.com；在Plaça Sant Jaume信息咨询处（折页 e5）和机场办公室可以获取更多信息。

周边景点

锡切斯（Sitges）（折页 o5）

这是一座充满沙滩和浴场的城市（人口2万），吸引了各地的游客来游玩。沙滩和棕榈树林荫道是这座城市的亮点，老城中曲折的小巷子里有许多可以歇脚的店铺。远方几千米处是Ostería Ibai旅馆（14个房间 Carrer de Canyelles，Sant Pere de Ribes 9 38 96 54 90），这是一座带有饭店和泳池的充满设计感的乡村旅馆。

赫罗纳

（折页 P4）★**这座好客的省会城市（人口9.7万）和河边的村落卡斯奥尼尔（Cases de l’Onyar）一起展示着它多彩的一面：赫罗纳**

（Girona）的房子闪耀着黄色、红色和蓝色的光。

在迷人的老城里，中世纪的犹太人聚居区的记忆还很鲜活。标志性的建筑是大教堂和有高耸的钟楼的哥特式建筑——圣菲吕教堂（Sant feliu）。到处都有供人休息的酒吧和饭店，很多小巷子在等着人们去发现。散步必经之地是Rambla de la Llibertat，城市公园La Devesa位于离市中心稍远的地方。建筑艺术爱好者应该对当地建筑师拉斐尔·玛索（Rafael Masó）（1880—1935）的建筑很感兴趣，例如玛索之家（Casa Masó）（Ballesteries 29 @www.rafaelmaso.org）。

景点

阿拉伯浴室（Banys Àrabs）

阿拉伯人从没有懒洋洋地躺在这里。这其实是12世纪一个有趣的仿建品。Ferrán el Catòlic 3月中旬至10月周一至周六10:00—19:00（10月缩短至18:00），周日10:00—14:00；11月至3月中旬10:00—14:00 @www.banysarabs.org

犹太区（El Call）

这是加泰罗尼亚最重要的中世纪犹太人聚居区，位于福萨街（Carrer de la Força）附近。赫罗纳的犹太区发源于9世纪，居住着将近1 000人，在1391年的反犹大屠杀中，许多居民都被杀害或驱逐。犹太区的犹太历史博物馆（Museu d' Història dels Jueus Carrer de la Força 8 7、8月周一至周六10:00—20:00，周日10:00—14:00；9月至次年6月周日和周一10:00—14:00，周二至周六10:00—18:00）保留着犹太人在这里生活过的鲜活记忆。

大教堂

一段宽阔的露天阶梯向上通向大教堂。它在11—18世纪不断修建，融

赫罗纳中世纪的犹太区据记载起源于9世纪

合了各个时期的不同风格。教堂内部有教堂博物馆的入口，博物馆里存放着宝物，还有十字形回廊。🏠Plaça Catedral 12 🕒10:00—17:30，7、8月延长至19:30；4月至6月和9、10月延长至18:30 @www.catedraldegirona.cat

考古博物馆（Museu Arqueològic）

考古博物馆的一部分是由本笃会修道院——圣彼得修道院（Sant Pere de Galligants）（11、12世纪）改建而来。🏠Santa Llúcia 8 🕒周二至周六10:00—18:00，7月至9月延长至19:00；周日10:00—14:00 @www.mac.cat

艺术博物馆（Museu d'Art）

艺术博物馆在大教堂旁边。这里展出了中世纪（罗马风格、哥特风格）和19、20世纪的展品。🏠Pujada de la Catedral 12 🕒周二至周六10:00—18:00，5月至9月延长至19:00；周日10:00—14:00 @www.museuart.com

城墙步行道（Passeig de la Muralla）

当您在城墙步行道上散步，置身于历史古区的高处时，可以看到美丽的远景。入口在大教堂和加泰罗尼亚广场附近。

美食

L'Alqueria

喜欢搭配米饭享用地中海菜肴的人，一定会喜欢这家布置较为现代化的餐馆。🏠Ginesta 8 🕒周一全天和周二、周三、周日晚上不营业 ¥€€€ 📞9 72 22 18 82 @www.restaurantalqueria.com

住宿

Costabella

配有一个小泳池和健身器材的三星级酒店。提供免费Wi-Fi和免费停车位。47个房间。🏠Avinguda França 61 ¥€～€€ 📞9 72 20 25 24 @hotel-costabella.com

问询中心

🏠Rambla de la Llibertat 1 📞9 72 01 00 01 @www.girona.cat

周边景点

布拉内斯（Blanes）（折页 P4）

位于布拉瓦海岸南端最后的海滩和港口城市（人口4万）。露营者特别喜欢这个小城，这里也有许多的住宿选择。这里的主要沙滩有布拉纳斯沙滩（Platja de Blanes）和萨巴尼尔沙滩（Platja de S' Abanell），稍远处是风景如画的浴场海湾Cala de Sant Francesc。这里的林荫路和繁忙的港口区不容错过。在老城区Passeig de Dintre附近，您可以找到许多酒吧和咖啡馆。

再往外走，位于海平面之上绝佳的位置有一座 当地锦囊 植物园（Jardí Botànic Mar i Murtra）（🏠Passeig Carles Faust 9 🕒6月至9月9:00—20:00，4、5月和10月9:00—18:00，11月至次年3月10:00—17:00 @www.marimurtra.cat）。另外植物园

Jardí Botànic Tropical Pinya de Rosa（Camí de Santa Cristina 9:00—18:00，在夏季延长至19:00 pi-nya-de-rosa.es）里主要是热带植物。问询中心 Plaça de Catalunya 2 9 72 33 03 48 www.visitblanes.net

您可以漫步在植物园郁郁葱葱的绿地中

卡达克斯（Cadaqués）和利加特港（Port Lligat）（折页 P3）

位于布拉瓦海岸景色秀丽的海岸、港口小城卡达克斯（人口3 000），曾被艺术天才萨尔瓦多·达利冠以“梦幻村庄”的美名。达利和其他人一起，把卡达克斯变成了引人注目的艺术家聚集地。直到今天，这个城市仍然受益于此。这里有诗情画意的海湾和充满南部风情的老城区。在七八月的时候这里的游客最多，我们建议您预订饭店，在马利提大道（Passeig Marítim）附近，饭店鳞次栉比。卡达克斯夏季的住宿费普遍很高。舒适的现代化酒店Playa Sol（48个房间 Riba Es Pianc 3 ¥€€€ 9 72 25 81 00 www.playasol.com）也不例外，但是这里的服务和设施也相对较好。

我们推荐您做一次短途旅行，从卡达克斯到利加特港和十字架海角（Cap de Creus），这是非常值得的。在利加特港您可以看到●达利之家博物馆（Casa-Museu Salvador Dalí）（2月中旬至6月中旬和9月中旬至次年1月初周二至周六10:30—18:00，6月中旬至9月中旬9:30—21:00 只有预约才能参加导览，预约电话9 72 25 10 15 www.salvador-dali.org），这里曾是达利和他的缪斯女神加拉的住所，由渔民的屋子改造而成。改造之后的房子是全西班牙最古怪的房子之一，它的每个角落

在派对之后还有力气的人，可以在罗列特海滩租一个皮划艇

都体现着怪诞的疯狂。

在十字架海角自然公园里充满了狂野而又浪漫的景象：岩石群、天然的海湾和小岛。比利牛斯山最后的分支延伸入海，海角也深入大海。目之所及的下一个停靠点是带有酒吧式饭店和全景露台的灯塔。

菲格拉斯（Figueres）（折页 P3）

人们来到这个内陆城市（人口4.1万），不仅仅是为了外出散步和购物。★●达利戏剧博物馆（Teatre-Museu Dalí）（7月和9月9:00—20:00，8月22:00至次日1:00，6月9:30—18:00，3月至5月和10月周二至周日10:30—18:00 www.salvador-dali.org）充满吸引力，艺术大师达利运用丰富的想象力，在他的家乡把曾经的城市剧院改造成了一座艺术的殿堂。除了达利的画，您还可以参观许多专门为这个博物馆建造的展厅，如梅·蕙丝厅。在门厅里停着一辆发动机前罩上有装饰小人像的凯迪拉克。达利埋葬在地下墓室里。除此之外，您还可以欣赏达利一珠宝展（Dalí-Joies）（Pujada del Castell 与博物馆开放时间相同），这里陈列着这位大师的珠宝首饰作品。

在参观完博物馆之后，您可以在老城区转转。推荐您在带有美味餐馆的杜兰旅馆（Duran）（65个房间 Lasauca5 €€ 9 72 50 12 50 www.hotelduran.com）里住宿。问询中心 Plaça del Sol 9 72 50 31 55 visitfigueres.cat

滨海略雷特（Lloret de Mar）（折页 P4）

这儿有许多迪厅、酒吧、小城堡、赌场、音乐舞会，还有那不被拒绝不罢休的调情挑逗，开心地投入夏季的混乱狂欢吧！决定参加这场布拉瓦海岸边的露天狂欢（人口2.2万）的人，清楚地知道自己想要什么，他们会抛开所有扭捏害羞的言行，因为那是不合群的。人们整天都集聚在1.6千米宽的主海滩上，夜幕降临后，在沙滩后的街道里，狂欢才真正开始。内城里的步行区范围很大，有独特的购物中心，不同国家的游客在这里说着各自的语言，很是热闹。问询中心 Avinguda de les Alegries 3 9 72 36 57 88 @lloretdemar.org

帕拉弗鲁赫尔（Palafrugell）和罗伊海角（Cap Roig）（折页 P4）

帕拉弗鲁赫尔（人口1.8万）是去附近海滩的跳板。值得一看的软木塞博物馆（Museu del Suro）里（7、8月周一至周六10:00—14:00和17:30—20:30，周日10:00—14:00；9月至次年6月周二至周五10:00—13:00和16:00—19:00，周六10:00—14:00和17:00—20:00，周日10:00—14:00 @museudelsuro.cat），人们可以了解软木塞是如何制作的。周日上午会有大型集市。问询中心 Avinguda Generalitat 33 9 72 30 02 28 @visitpalafrugell.cat

卡莱利亚德帕拉弗鲁赫尔（Calella de Palafrugell）、塔玛留（Tamariu）和雅弗郎其（Llafranc）的沙滩和渔场也吸引着游客。夏天的时候，港口和怡人的绿荫小路上挤满了游客，自然风光和友好氛围当然功不可没。推荐您到罗伊海角进行一次短途旅行，在那儿有一座植物园（园中会举办 当地锦囊 有格调的夏季音乐会，@www.caproigfestival.com），往山上走可以到达灯塔平台Far de Sant Sebastià。

帕拉莫斯（Palamós）（折页 P4）

帕拉莫斯位于赫罗纳东南大约40千米处，是一座港口小城，有1.5万人口，这里宽阔的海滩一直延伸到卡隆赫的圣安东尼。宽阔的林荫道和丰富

加泰罗尼亚语、巴斯克语和加利西亚语

西班牙的官方语言有4种，除了西班牙语（castellano），加泰罗尼亚语（català）、巴斯克语（euskera）和加利西亚语（galego）也被广泛使用。其中最突出的是加泰罗尼亚语，约600万人能使用并且理解这种语言。它的使用范围从比利牛斯山延伸到布兰卡海岸（但是在这里，这个语言被称作巴伦西亚语）。巴斯克语只在历史上的巴斯克地区以及纳瓦拉使用，加利西亚语只在加利西亚地区使用。不同语言的使用加强了地区意识，在佛朗哥独裁时期，这种地区意识受到了压制。游客在日常会话中会体验到语言的不同，有时可能会感到困惑。人们可能会把“A Coruña”当成“La Coruña”的拼写错误，但是它其实是加利西亚语的写法。在加利西亚语里，阿利坎特被写成“Alacant”，但在国际上，它通常被写成“Alicante”。加泰罗尼亚语把赫罗纳写成“Gerona”。

托萨德马尔的老城和城墙激发了马克·夏加尔的热情

多彩的夏季运动也是这座城市的闪光点。最重要的景点是老城里哥特式的圣玛丽亚教堂（Santa Maria del Mar）和Carrer Major。圣胡安旅馆（Sant Joan）配备有游泳池和花园，为您提供舒适的住宿环境（22个房间 Avinguda de la Llibertat 79 ¥€€ 9 72 31 42 08 @hotelsantjoan.com）。问询中心 Passeig del Mar 9 72 60 05 50 @www.palamos.cat

再往西南走，阿诺海滩（Platja d'Aro）与一个度假中心相连，绵长的主海滩令人流连忘返。

帕尔斯（Pals）、佩拉托拉达（Peratallada）和普柏（Púbol）（折页P4）

请您往海岸方向走，为游览东部郊区留出足够的时间！La Bisbal d'Empordà有许多陶瓷店，也提供高端的城堡住宿体验，如Castell d'Empordà（38个房间 ¥€€€ 9 72 64 62 54 @www.hotelcastellemporda.com）等。在乌利亚斯特雷特（Ullastret）附近，有伊比利亚人住宅区的遗址。当地锦囊➡帕尔斯和佩拉托拉达保留了中世纪的广场和小巷，以及拱形通道和石头房子。在佩拉托拉达，坐在伏特斯广场（Plaça de les Voltes）上喝咖啡的体验特别好。请您再一次跟随萨尔瓦多·达利的足迹，到拉维斯瓦（La Bisbal）西北10千米处不起眼的普柏。达利把那里的一座城堡送给了他的缪斯女神加拉，在他80岁的时候，也曾短期居住在这里。如今，加拉达利之家博物馆（Casa Museu Castell Gala Dalí）（6月中旬至9月中旬 10:00—20:00，3月中旬至6月中旬和9月中旬至10月周二至周日10:00—18:00，11、12月10:00—17:00 @www.salvador-dali.org）已对游客开放。

罗萨斯（Roses）（折页P3）

罗萨斯（人口1.5万）以绵长的沙滩、林荫步行道和众多体育运动以及夏季的音乐舞会而闻名。维斯塔贝拉酒店（Hotel Vistabella）（34个房间 Avinguda Díaz Pacheco 26 ¥€€€ 9 72 25 62 00 @www.hotelvistabella.com）位于Cala Canyelles Petites旁边，提供舒适、高品质

的住宿环境。与之相比，海滨之家酒店（Hotel Casa del Mar）（Canigó 23–25 €~€€ 9 72 25 64 50 www.hotel-casadelmar.com）价格明显便宜很多，这里除了17个房间，还对外租赁11间公寓。对文化感兴趣的游客可以去参观齐塔德尔城堡（7、8月10:00—21:00，6月和9月 10:00—20:00，10月至次年5月周二至周日10:00—18:00）。问询中心 Avinguda de Rhode 77–79 9 72 25 73 31 visit.roses.cat

滨海托萨（Tossa de Mar）（折页P4）

早在罗马时期，人们就很看重这个海岸城市，20世纪以来，人们在这里陆续发现了许多艺术遗址。画家马克·夏尔特别热爱海滨托萨（人口约4 000）这座“蓝色天堂”。这里游人如织，是布拉瓦海岸上最美的城市之一。这里的美景是自然和文化艺术相辉映的产物：沙滩与老城，历史城墙还有餐馆。一些艺术画廊和摄影工作室继续发扬着这里的艺术传统。问询中心 Avinguda del Pelegrí 25 9 72 34 01 08 www.infotossa.com

穆尔西亚

（折页 L9）这座有1 200年历史的城市（人口35万）可以追溯到摩尔人时期，在那时，这座城市藏在厚重的城墙之内，被叫作“Mursiya”。

如今，穆尔西亚（Murcia）是西班牙最大的果蔬供应地之一。这里适宜种植桃、杏、葡萄和青椒。穆尔西亚每年日照达2 800个小时，完美地诠释了一些人给这里的昵称“太阳之家”；在夏季，40℃左右的天气也不罕见。

城市里最重要的建筑就是大教堂。比较受欢迎的聚会地点是大教堂前的广场和广场上的露天咖啡店。宽阔的步行区一直到圣多明各广场，历史上曾经的磨坊区Los Molinos del Río Segura（www.molinosdelrio.org）现在经常举办艺术展览。在复活节前一周，穆尔西亚的广场上有许多有趣的游行。

景点

大教堂（Catedral）

哥特风格、文艺复兴风格和巴洛克风格在历时漫长的修建过程（14—18世纪）中被融合起来。这里的大教堂是西班牙最大的教堂之一，塔楼高达90米。教堂内部的贝莱斯祈祷室的装饰尤其华丽，圣坛四周的栅栏也很美。夏季7:00—13:00和18:00—20:00，周六、周日延长至21:00；其他季节7:00—13:00和17:00—20:00

萨尔奇罗博物馆（Museo Salzillo）

这座博物馆收藏有当地巴洛克派雕塑家弗朗西斯科·萨尔奇罗（1707—1783）的作品。Plaza de San Agustín，Doctor Quesada 周一至周六10:00—17:00，周日11:00—14:00；夏季周一至周五10:00—14:00 www.museosalzillo.es

美食

Acuario

家庭经营的饭馆，用传统的材料做出有创意的饭菜，菜单随着季节变化。这里也供应塔帕斯小吃。🏠Plaza Puxmarina 1 🕒周日晚上、周一晚上、周二晚上不营业 ¥€€~€€€ 📞9 68 21 99 55 @restauranteacuario.com

塔帕斯小吃

在鲜花广场（Plaza de las Flores），卡诺瓦斯卡斯蒂利奥街（Calle Cánovas del Castillo），瓦拉德莱街（Calle Vara de Rey）和大教堂附近，您可以找到许多塔帕斯小吃。

夜生活

想要享受夜生活，我们首先推荐您去大学区（Saavedra Fajardo and Side Street）、阿塔拉亚斯区（Zona Atalayas）、珐玛中心（Centro Fama）和Calle Bartolomé Pérez Casas附近。

住宿

Agalia

现代化的四星级酒店，价格公道，房间类型多。126个房间。🏠Avenida Arquitecto Miguel Ángel Beloqui 7 ¥€~€€ 📞9 68 39 70 00 @www.agaliahotel.es

问询中心

🏠Plaza de Belluga 📞9 68 35 87 49 @www.murciaturistica.es

周边景点

卡塔赫纳（Cartagena）和梅纳湖（Mar Menor）（折页 L10）

早在罗马时期，卡塔赫纳（人口21.5万）就是一座重要的港口城市。对今天的游客来说，这里的海湾跟从前一样吸引人，除此之外，林荫道、购物区、老城和历史城堡也富有魅力。游客可以在港口体验港口环游。布匿人的城墙（Muralla Púnica）（🏠Calle San Diego 25）遗址也是值得参观的。问询中心🏠Plaza del Ayuntamiento 1 📞 9 68 12 89 55 @www.cartagenaturismo.es

再往东北走，您就到了梅纳湖附近的度假区。梅纳湖是一个内陆盐湖，20千米长的陆地拉曼加（La Manga）把梅纳湖和地中海分开。面向盐湖和大海的沙滩吸引着世界各地的游客。在巴娄斯角（Cabo de Palos），人们会开展各种各样的运动，例如潜水。当地锦囊 拉曼加别墅酒店（Hotel Villas La Manga）（🏠Gran Vía km 3 ¥€€ 📞9 68 14 52 22 @www.villaslamanga.es）拥有60个精装修的客房，为人们提供了舒适的住宿，非常适合以家庭为单位的出游者。酒店里还有游泳池和供人们休憩的草坪。

佩尼斯科拉

（折页 M6）**橙花海岸上的一座旅游小城（人口约7 000），靠沙滩、港口、宽阔的林荫道和风景如画的★老城区的山区景色吸引了许多游客。**

往上爬到要塞，人们常常累得上气不接下气。在这里，四处可见灰白色的房子，非常狭窄的小巷子，摆满绿色植物的阳台和让人心动的酒吧和饭店。佩尼斯科拉（Peñíscola）可以和安达卢西亚的白色村庄相媲美了！人们可以在通往贝尼卡尔洛（Benicar-

阳光、棕榈树、地中海：在佩尼斯科拉，您可以享受度假者心中的经典西班牙

ló）的宽阔的林荫道上散步、慢跑和骑自行车。在周边地区和内地种植着许多果树，"橙花"海岸名副其实。

景点

城堡

在城市和海的上方俯瞰一切的城堡，是这一带亮丽的风景。在教会分裂时期，敌对教皇本尼狄克十三世（Pedro de Luna）对教皇提出通过谈判达成妥协的要求，但是以失败告终。之后他常年在这座城堡里避难，直到1423年在这里去世。在要塞中心广场和观景平台上，可以望见绝美的沙滩和山上的风景。10:30—17:30，夏季9:30—21:30

美食

Hogar Del Pes Cador

在港口边的海产品爱好者的乐园。Llotja Vella €€~€€€ 9 64 48 95 88 hogardelpescadorpeniscola.com

住宿

Jardines Del Plaza

这个酒店邻近沙滩，有130个装饰精良的公寓，最大的公寓可供6个人居住。Avenida Papa Luna 156 €€ 9 64 01 07 00 www.zthotels.com

问询中心

Paseo Marítimo 9 64 48 02 08 www.peniscola.es

周边景点

贝尼卡西姆（Benicàssim）（折页M6–7）

贝尼卡西姆（人口1.6万）气候怡人，美丽的林荫路和绵延的沙滩平行。内陆的棕榈荒漠（Desert de les Palmes）自然保护区最高处有海拔729米高，向上一直爬坡可以俯瞰海景，而且可以徒步走到蒙托尔内斯（Montornés）的岩石要塞。

埃布罗河三角洲（Ebrodelta）（折页N6）

向远处延伸的埃布罗河自然公园三角洲是欧洲西南最大的湿地。这片三角洲主要种植稻米，主要种植区是德尔特夫雷（Deltebre）和圣海梅–德恩韦哈（Sant Jaume d' Enveja）。沼泽地、运河和靠近海岸的湖泊是这一带的自然风光特色。受欢迎的观光地是在格沙尔（El Garxal）附近的里马尔（Riumar）沙滩和在马克萨广场（Platja de la Marquesa）西北部的沼泽和沙丘。在公园里可以看到许多种类的鸟，运气好的话，还可以见到白鹭和火烈鸟。

当地锦囊 **塞拉利塔（Serra d'Irta）**（折页M6）

佩尼斯科拉南部和塞拉利塔山脉（西班牙语Sierra de Irta）接壤，这座山脉是自然保护区，其上许多小路交织。这里的灌木和矮树植被从远处看起来很少，但是人们走近了会发现，这里的植被很丰富，生长着许多荆豆、薰衣草和其他气味芳香的药草。有标记的山间道路穿过峡谷，向上通向隐居者圣安东尼的住所。游客可以从佩尼斯科拉出发，走过坑坑洼洼的道路，经过一个上面有海岸瞭望楼的小山丘，最终到达拉索（Russo）海滩和佩布雷特（Pebret）海滩。

塔拉戈纳

（折页N5）★塔拉戈纳（Tarragona）（人口13万）是黄金海岸上的省会城市，也是一座港口城市。这里有丰富的罗马遗产。

在罗马时期，塔拉戈纳发展成为地中海最重要的城市之一，被3 500米长的城墙围绕着。如今的塔拉戈纳，悠久的历史文化和现代的时尚融于一体。地中海阳台（Balcó del Mediterranirani）是欣赏海景的好地方，在码头和塞拉洛（El Serrallo）捕鱼区及其周边的海鲜饭店，您可以感受到充满活力的氛围。走过老城狭窄的巷子和购物步行街，如马佐尔街（Carrer Major），就到达了外观很漂亮的圣玛丽亚教堂。

景点

露天剧场（Amfiteatre）

这个保存完好的露天剧场位于维亚奥古斯塔（Via Augusta）和奇迹海滩之间。角斗士之间的竞技在这里上演，259年弗鲁克托索主教在此殉教。这个剧场可容纳1.4万人。周二至周六9:00—19:00，夏季延长至

塔拉戈纳的高架渠：这座有2 000年历史的古城打上了罗马人的烙印

21:00；周日9:00—15:00

高架渠（Aqüeducte）

罗马式的高架渠位于往列伊达（Lleida）方向的N 240公路旁。它有27米高，200多米长，是罗马人费尽心思想出的供水系统遗址。当地人把这座有许多拱洞的桥叫作“魔鬼桥”（Pont del Diable）。

国立考古博物馆（Museu Nacional Arqueològic）

这是一座有趣的考古博物馆，展品基本上全是罗马时期的文物。🏠Plaça del Rei 5 🕒6月至9月周二至周六9:30—20:30，周日10:00—14:00；10月至次年5月周二至周六9:30—18:00，周日10:00—14:00 @www.mnat.cat

当地锦囊 考古之路/城墙（Passeig Arqueològic/Muralles）

罗马城墙的残余部分邀请您走上“考古之路”，走进内城，在城墙上可以看到美丽的风景。🏠Avinguda Catalunya 🕒周二至周六9:00—19:00，夏季延长至21:00；周日9:00—15:00

普雷托利和罗马马戏团（Pretori i Circ Romans）

在1世纪的时候，罗马马戏团曾经举行过马车比赛，普雷托利是比赛的入口。🏠Plaça del Rei 🕒周二至周六9:00—19:00，夏季延长至21:00；周日9:00—15:00

美食

当地锦囊 Racó de l’Abat

在传统的加泰罗尼亚地中海菜肴的基础上做出革新，位于石拱桥下的一个16世纪的建筑中。🏠Abat 2 🕒周六中午、周一全天以及晚上（除周五、周六）不营业 ¥€€€ 📞9 77 78

03 71 @www.abatrestaurant.com

塔帕斯小吃

比较有名的小吃区是拉方特广场（Plaça de la Font）附近和塞拉罗区（Serrallo）。

住宿

Lauria

这个位于市中心的三星级酒店是不错的选择。配有小的游泳池。停车位价格公道，只需要在住宿费之上追加一些费用。72个房间。Rambla Nova 20 ¥€~€€ 9 77 23 67 12 @www.hotel-lauria.com

问询中心

Major 37 9 77 25 07 95 @www.tarragonaturisme.cat

周边景点

冒险港（Port Aventura）（折页 N5）

位于塔拉戈纳西南约10千米处，公园里有游乐项目和活动表演，是度过休闲时光的好去处。开放时间不固定，7、8月10:00—24:00 ¥45欧元 @www.portaventuraworld.com

熙笃会路线（Ruta del Cister）（折页 N4-5）

这是一次参观中世纪熙笃会修道院（www.larutadelcister.info）的行程。您将参观庄严的波夫莱特修道院（每天开放）、圣特斯克鲁斯修道院（Santes Creus）（周一关闭）和巴利沃纳德莱斯蒙赫斯（Vallbona de les Monges）（除了8月，周一关闭）。在波夫莱特（Poblet）的圣玛丽亚修道院附近，修道院旅馆（Hotel Monestir）（30个房间 Les Masies，L' Espluga de Francolí ¥€€ 9 77 87 00 58 @www.hotelmonestir.com）提供舒适雅致的住宿。

巴伦西亚

有超过2 000年历史的★巴伦西亚（Valencia）（人口80万）被称为西班牙最有生活乐趣的城市，这个评价十分契合这座城市。

巴伦西亚作为充满历史底蕴的海岸城市和港口城市，也在不断地接受和包容着新的潮流，传统感和现代感在这里齐头并进。图里亚河（Jardines del Turia）干涸河床上的公园是都市的绿肺。市政厅广场和卡门区（Barri del Carmen）及其周边地区，气氛很好。卡门区是巴伦西亚有1 000年历史的城市区域，在这片区域里，狭小的巷子和历史古迹，如卡门教堂等交替出现。在每年3月，整座城市连续几天都在庆祝全民节日——法雅节，这是一次无论如何都不容错过的盛大集会。

景点

大教堂（Catedral）

建于13世纪的大教堂，信徒们在圣杯祈祷室供奉着圣杯。每周四的中午12点在使徒门户前召开所谓的“灌溉法庭”，这是从中世纪以来就有的传统。51米高的米格雷特（Miguelete）钟楼尤其值得参观，上面风景很美。Plaza de la Reina 周一至周六10:00—17:30，3月中旬至10月延长至18:30；周日14:00—18:30 @www.catedraldevalencia.es

科学艺术城（Ciutat de les Arts i de les Ciències）

科学艺术城是巴伦西亚的标志，它的大部分建筑是由当地的建筑师圣地亚哥·卡拉特拉瓦设计建造的，整个建筑群看起来像一个巨大的发光的雕塑。科学艺术城分为几个区域：艺术歌剧院（Palau de les Arts）（这里上演戏剧、音乐和舞蹈秀），天文馆（L'Hemisfèric）（馆内有Imax电影院，提供讲解 🕒10:30/11:00—21:00/22:00），植物园（Umbracle），多功能中心（Ágora），水上乐园，科技馆（Museu de les Ciències）（🕒10:00—18:00/19:00/21:00）和海洋馆（L'Oceanogràfic）（🕒7月中旬至8月10:00至次日1:00，9月至次年7月10:00—18:00/20:00 @www.oceanografic.org）。海洋馆装潢设计得很精美，这一点从海底玻璃隧道和精心修建的南极馆和北极馆就可以看出来。🏠Avinguda del Professor López Piñero @www.cac.es

巴伦西亚丝绸交易所（Llotja de la Seda）

在中央广场对面就是华丽的哥特式的丝绸交易所，它是世界文化遗产。🕒周一至周六9:30—19:00，周日9:30—15:00

美食

Ana Eva

位于植物园附近的素食餐厅。这里有原生态的食材和简单舒适的室内布置。🏠Turia 49 🕒周一至周三不营业 ¥€~€€ 📞9 63 91 53 69 @www.restauranteanaeva.es

当地锦囊 El Bolón Verde

这个饭店提供美味的套餐，菜品很有新意，尤其是鱼和海鲜。🏠Mariano Ribera 33 🕒周一全天、周日晚上和周二晚上不营业 📞 6 60 61 50 63 @elbolonverde.com

塔帕斯小吃

老城里有着独特的酒馆和小吃文化，尤其是在骑士（Caballeros）和布萨瑞拉（Bolsería）这两条街上。

购物

中心市场（Mercat Central）是古老的市场。这里商品的选择很多样。

夜生活

在巴伦西亚，不管是在酒吧里还是在悠闲的露天咖啡馆里，老城卡门区的夜生活都独具特色。其他受欢迎的地方有卡诺瓦斯广场（Plaza Cánovas）和马尔瓦洛萨海滩后的街区。

住宿

Las Arenas Balneario Resort

配备温泉、游泳池和小酒馆的顶级酒店，位于拉斯阿雷纳斯沙滩后面。253个房间。🏠Eugenia Viñes 22–24 ¥€€€ 📞9 63 12 06 00 @hotelvalencialasarenas.com

威尼斯酒店（Venecia）

在市政厅广场中心的酒店，房间十分整洁。54个房间。Plaça de l' Ajuntament，En Llop 5 ¥€ 9 63 52 42 67 www.hotelvenecia.com

问询中心

Carrer de la Paz 48 9 63 98 64 22 www.turisvalencia.es其他的游客信息中心位置在Plaza de la Reina 19、机场和Plaça de l' Ajuntament

周边景点

德尼亚（Dénia）（折页 M8）

这座度假城市（人口4.7万）位于巴伦西亚东南100千米处，有许多沙滩、林荫道和海港，在内地有树林密布的适合徒步的蒙特戈山自然公园。勒斯罗特斯酒店（Hotel Les Rotes）（33个房间 Carretera de Les Rotes 85 ¥€€~€€€ 9 65 78 03 23 www.hotellesrotesdenia.com）离海边只有几分钟的步行距离，为游客提供舒适的居住环境。问询中心 Dr. Manuel Lattur 1 9 66 42 23 67 www.denia.com

西班牙第三大城市巴伦西亚，迷人而富有乐趣

阿尔布费拉自然公园（Parc Natural de L'Albufera）（折页 M7–8）

这座自然公园紧临城市边界以南的稻田、沼泽和宽阔的阿尔布费拉湖（Lago de la Albufera）。一小块狭长地带将阿尔布费拉湖和地中海分开。这片水域是许多鸟类的故乡，也是它们的冬季栖息地，因此，乘船游览这片水域是很有趣的。在巴伦西亚有一班游客观光车（www.valenciabusturistic.com）开往这个自然公园。www.albufera.com

萨贡托（Sagunt/Sagunto）（折页 M7）

巴伦西亚北部25千米处的小城（人口约5 000），这里的罗马剧场（Teatre Romà）保留着罗马时期的遗迹，绵延千里的防御要塞可以追溯到摩尔人时期。

西班牙中部

几百年以前，西班牙国王腓力二世把马德里作为首都；文学巨匠米格尔·德·塞万提斯让堂吉诃德和风车斗争；圣女特蕾莎把自己投身于博爱的宗教与慈善事业中。

上述所有事件都发生在伊比利亚半岛中部，它主要由卡斯蒂利亚–莱昂、卡斯蒂利亚–拉曼查和埃斯特雷马杜拉组成。埃斯特雷马杜拉西部和葡萄牙接壤，南部和安达卢西亚相邻。托莱多、萨拉曼卡和塞哥维亚这些城市对游客来说耳熟能详，但是其他地方还等着游客们去探索，尤其是索里亚省。

这里有广阔的卡斯蒂利亚高原。按照水域的分布，人们在不同的地区种植谷物、放牧或者栽种葡萄。这里的人们大部分生活在海拔800～1 000米的地方。这里的温差很大，冬季寒冷，夏季炎热。西班牙中部每个地区天空都是湛清的蓝色，就连有百万人口的大都市马德里也不例外。

阿兰胡埃斯

（折页 H7）这座位于马德里南部约50千米处的塔霍河边的城市（人口5万）是西班牙王室所在地。1560年，腓力二世开始修建一座华丽的宫殿，就是今天马德里皇宫的前身，也

上图：拉曼查的风车

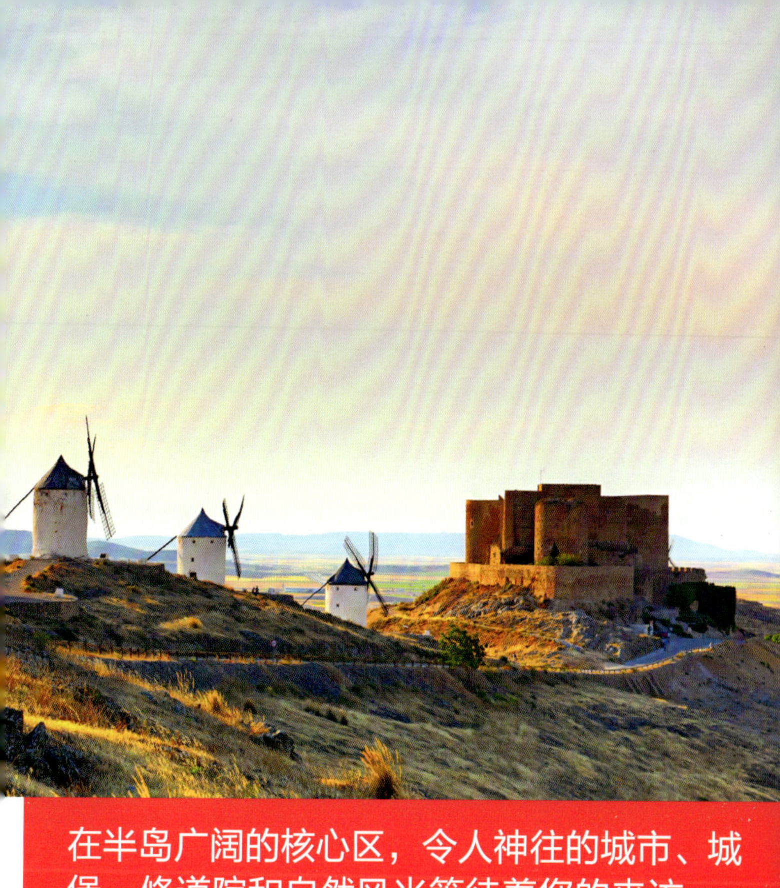

在半岛广阔的核心区，令人神往的城市、城堡、修道院和自然风光等待着您的来访。

是阿兰胡埃斯（Aranjuez）最重要的古迹。在老城里，生活围绕着市政厅、剧院和市场所在区域展开。

景点

马德里皇宫和花园（Palacio Real and Jardines）

这座皇家宫殿展示了皇家奢侈的生活。在腓力二世建造的宫殿经历了两场大火和200年的风雨之后，卡尔三世在18世纪将皇宫的扩建任务委托给了他的建筑师弗朗西斯科·萨巴提尼。从外观上来看，皇宫远远向外伸出的侧翼令人印象深刻。内部装潢为巴洛克风格，体现在瓷器小陈列室和镜子陈列室上。

在皇宫旁边有喷泉的花园（Jardín de la Isla）里散步也是不错的选择。19世纪初完工的王子花园（Jardín del Príncipe）占地1.5平方千米。花园里的树木种类繁多，还有规模宏大的喷泉，和新古典主义的地主庄园——拉布拉多皇家庄园（Real Casa del Lab-

君主们喜欢对称结构：阿兰胡埃斯的皇宫

rador）和皇家汽艇博物馆（Museo de Falúas Reales）。花园位于塔霍河岸边，免费对公众开放。纪念喷泉（fuentes monumentales）定期会上演不同的喷泉秀，请您在当天问询最新的喷泉秀时间。🏠Plaza de Parejas 🕒宫殿周二至周日10:00—18:00，4月至9月延长至20:00；花园夏季8:00—21:30，其他季节关闭时间不定，大致为18:30/19:00/19:30/20:30 @www.patrimonionacional.es

美食

当地锦囊 La Almazara

这里的家庭自制塔帕斯小吃和中午的套餐物美价廉，种类丰富。特色菜是搭配米饭吃的菜肴。周五有时会有现场音乐会。🏠Real 1 🕒周五、周六晚上开放，其他时间晚上不营业 ¥€ 📞9 10 83 29 27 @restaurantealmazara.com

巴勃罗之家（Casa Pablo）

这里有几十年的美食传承，会根据季节更换菜单。🏠Calle Almíbar 42 🕒每天 ¥€€€ 📞9 18 91 14 51 @casapablo.net

住宿

El Cocherón 1919

装饰优雅，重视细节，富有设计感的酒店。只需步行几分钟，就可以到达附近的两个公园。18个房间。¥€€ 📞9 18 75 43 50 @www.el-cocheron1919.com

问询中心

🏠Plaza de San Antonio 9 📞9 18 91 04 27 @turismoaranjuez.com

阿维拉

（折页 G6）**西班牙海拔最高，也是冬季温度最低的城市（人口6万）。海拔1130米，宏伟的城墙围绕着这座城市，仿佛一顶尊贵的皇冠。**

来自阿维拉（Ávila）的圣特蕾莎修女（1515—1582），作为西班牙的女性守护圣徒，使阿维拉举世闻名。在她还是少女时就加入了加尔默罗会，定期祈祷和忏悔，生活清苦。她被显圣的神明指引，领导了修会的改革，推动了女性修道院的建立。在她的出生地，人们可以更好地领会她的精神。1622年，她被宣告成为圣徒。想要参观许多纪念馆的人，最好购买一张“阿维拉游览（Visit Ávila）卡”。

景点

圣文森特教堂（Basílica de San Vicente）

始建于11世纪的罗马式教堂，于14世纪建成。1307年，圣文森特和她的姐妹们因基督徒的身份在这里被迫害。🏠Plaza de San Vicente 🕒周一至周六10:00—13:30和16:00—19:00，4月至10月10:00—19:00；周日16:00—18:00

大教堂（Catedral）

阿维拉早期的哥特式大教堂的半圆形后殿与城墙相连。从外观上看，大教堂给人一种震慑的力量，这种印象在参观教堂内部时逐渐瓦解，消失在柔和而神圣的光线中。🏠Plaza de la Catedral 🕒开放时间不固定，详情参见网站 @catedralavila.vocces.com

圣特蕾莎修道院博物馆（Convento y Museo de Santa Teresa）

17世纪时以圣特蕾莎诞生的房屋为地基改建，是由修道院（🕒9:30—13:00和15:30—19:00/19:30），博物馆（🕒周二至周日10:00—13:30/14:00和15:30—17:30，夏季16:00—20:00）和遗物厅（🕒9:30—13:30和15:30—19:00）组成的建筑群。🏠圣特蕾莎广场（Plaza Santa Teresa）

必游景点

★阿维拉城墙
雄伟的城墙被列入《世界遗产名录》。→P.114

★马德里普拉多博物馆
世界上最好的博物馆之一。→P.124

★提森·博内米撒博物馆
在这里，参观者可以欣赏艺术史上的名家大作。→P.124

★马德里丽池公园
市中心的世外桃源——马德里的绿肺。→P.125

★萨拉曼卡
历史悠久的大学城，散发着年轻的活力。→P.128

★塞哥维亚
高架渠、城堡和老城巧妙地连接在一起。→P.132

★托莱多
曲折的小巷子和雄伟壮观的纪念碑。→P.136

王室化身修道院（Monasterio de la Encarnación）

这座修道院建成于圣特蕾莎修女出生的那年（1515年），特蕾莎修女在这里度过了将近30年的时间。🏠Paseo de la Encarnación 🕒10:00—13:00和16:00—18:00

阿维拉城墙（Muralla）★

围绕阿维拉的城墙长度超过了2 500米，平均高12米，厚3米，有9个城门和50座瞭望台。建于11世纪的蜿蜒的城墙作为阿维拉的“脊柱”，在远处就能看得到。像从前一样，城墙围绕着老城的大部分区域，被联合国教科文组织列入《世界遗产名录》。从许多地方都可以登上城墙（🕒7、8月10:00—21:00，4月至6月和9、10月10:00—20:00，11月至次年3月周二至周日10:00—18:00 @murallladeavila.com），如Puerta del Alcázar，Casa de las Carnicerías，Puerta del Carmen和Puerta del Puente。

美食

Bococo

出色的卡斯蒂利亚美食的代表餐厅，装修简朴大方。🏠Estrada 11 🕒每天 ¥€€€ 📞9 20 22 36 46 @restaurantebococo.eu

塔帕斯小吃

阿维拉以塔帕斯小吃的种类之多而出名，大约在6月底的时候，全城的酒吧会进行一场小吃评比。美味的小吃聚集在老城的这些区域：Calle San Segundo、Plaza del Mercado Chico和Avenida Portugal。

住宿

圣文森特雅客酒店（Arco San Vicente）

装饰简单，服务周到，附近有许多重要的名胜古迹。23个房间。🏠López Núñez 6 ¥€ 📞9 20 22 24 98 @www.arcosanvicente.com

阿维拉气势恢宏的城墙建于中世纪，有50座瞭望台和9个城门

洛维拉达宫酒店（Palacio de los Velada）

这座精心修复的宫殿建于16世纪，位于市中心，以它美丽的中庭和舒适的环境吸引着世界各地的游客。144个房间。Plaza de la Catedral 10 ¥€～€€ 9 20 25 51 00 @www.veladahoteles.com

问询中心

San Segundo 17 9 20 21 13 87 @www.avilaturismo.com

周边景点

格雷多山脉（Sierra de Gredos）（折页 F–G6）

这是自然爱好者的郊游目的地，在阿维拉西南70千米处。格雷多山脉是自然保护区，最高峰阿尔曼索尔（Almanzor）海拔2 592米，直插云霄。在这片区域及其周边，人们喜欢徒步旅行、登山、进行冬季运动或者其他室外活动。在坎德莱达镇附近，人们可以乘皮筏在铁塔河（Río Tiétar）上漂流（Vive Tiétar Carretera Candeleda–Madrigal km 2，1 9 20 37 18 17 @www.vivetietar.com），这项活动对初学者也很适合。当地民宿或者乡村旅馆是很受欢迎的住宿地，如位于奥约斯德莱斯皮诺的带餐厅和温泉的米兰皇家旅馆（El Milano Real）（21个房间。¥€€ 9 20 34 91 08 @elmilanoreal.com）。更多关于旅馆住宿的信息请查看网站@www.casasgredos.com。

巴达霍斯

（折页 D8）**埃斯特雷马杜拉自治区（Extremadura）的几座城市，如巴达霍斯（Badajoz）（人口15万），在罗马人和摩尔人统治时期长时间发挥着重要的作用，罗马帝国和摩尔人的统治逐渐衰退后，这里也陷入了永久的沉睡。**

近年来，这座城市随着旅游业的发展渐渐复苏。对邻近的葡萄牙人来说，巴达霍斯一直是一个理想的旅游目的地，尤其是疯狂的狂欢节到来之时。复活节前一周，也有许多游客来到这里。这里的防御工事和圣何塞广场上始建于15世纪后又重新修葺的穆德哈尔之家（Casas Mudéjares）都具有很高的历史价值。

景点

阿尔卡萨瓦城堡（Alcazaba）

在12世纪摩尔人时期的堡垒上，您可以欣赏到美丽的城市风光，俯瞰瓜迪亚纳河（Río Guadiana）。八角形的岗楼Espantaperros保存完好。直到16世纪，几乎所有的巴达霍斯人都居住在今天可以随意出入的阿尔卡萨瓦城堡里。

大教堂（Catedral）

巨大的塔楼让这座13世纪的大教堂看起来像一个堡垒。直到18世纪，它都是巴达霍斯最重要的教堂。在紧邻的教堂博物馆（Museo Catedralicio）（周二至周六11:00—13:00和17:00—19:00，夏季18:00—20:00）里收藏有教堂的珍品，里面展示着画家路易斯·德·莫拉莱斯（Luis de Morales）的作品。Plaza de España

埃斯特雷马杜拉博物馆和拉丁美洲现代艺术馆（Museo Extremeño y Iberoamericano de Arte Contemporáneo）

曾经的城市监狱所在地，现在收集了来自西班牙、葡萄牙和拉丁美洲的现代艺术家的作品，成为一座博物馆。何塞·安东尼奥·加莱亚（José Antonio Galea）设计了这个现代化的建筑。Calle del Museo 周二至周六10:00—13:30和17:00—20:00，周日10:00—13:30 @www.meiac.es

帕尔马斯城门和桥（Puerta and Puente de Palmas）

1460年开始修建的帕尔马斯城门附近，帕尔马斯桥横跨瓜迪亚纳河，长度将近600米，令人印象深刻。

美食

Azcona

配米饭吃的肉类菜肴，肉菜在秋季的狩猎时节尤其常见。中午的套餐很好吃。Avenida Adolfo Díaz Ambrona 36 周三晚上和周日晚上不营业 ¥€€ 9 24 27 24 07

Los Monteros

专注于烹饪简单美味的埃斯特雷马杜拉地区特色菜，是巴达霍斯很受欢迎的传统饭店。每日套餐物美价廉。Plaza de Santo Domingo 8 每天 ¥€ 9 24 22 15 15

塔帕斯小吃

您可以在西班牙棕榈树大街、梅伦德斯巴尔德斯街和圣女德拉索莱达街找到提供小吃的传统酒吧。在阿尔塔广场（Plaza Alta）上有带露台的塔帕斯酒吧。

住宿

Palacio Arteaga

自驾旅行的游客，推荐您前往巴达霍斯往南20千米处奥利文萨（Oli-

埃斯特雷马杜拉的文化中心：梅里达的罗马剧院

venza）中心商务区的这家酒店。它位于一座19世纪建立的宫殿里。25个房间。🏠Moreno Nieto 5 ¥€ 📞9 24 49 11 29 @www.palacioarteaga.es

San Marcos

位置好、价格优惠是这个位于老城的旅馆的优势。旅馆房间整洁，而且紧邻着饭店。26个房间。🏠Calle Meléndez Valdés 53 ¥€ 📞9 24 22 95 18 @www.hotelsanmarcos.es

苏巴朗（Zurbarán）

卡斯特拉公园旁的绝佳位置，现代化的四星级酒店，带餐厅。111个房间。🏠Parque Castelar，Gómez de Solis 1 ¥€€ 📞9 24 00 14 00 @www.granhotelzurbaranbadajoz.com

问询中心

🏠Pasaje de San Juan 📞9 24 22 49 81 @www.turismobadajoz.es

周边景点

梅里达（Mérida）（折页 E8）

梅里达（人口5.5万）位于巴达霍斯东部约60千米处，这里活跃的城市氛围和厚重的历史文化底蕴吸引了无数游客。将近2 000年前的罗马时期留下的印记遍布全城，以瓜迪亚纳河上建于1世纪的全长近800米、有60个桥洞的罗马桥（Puente Romano）为代表。古罗马国家艺术博物馆（Museo Nacional de Arte Romano）（🏠José Ramón Mélida 🕒周二至周六9:30—18:30，4月至9月延长至20:00；周日10:00—15:00 @www.mecd.gob.es/

mnromano）展出了无数罗马时期的出土文物。为了能参观所有有趣的古迹（开放时间不固定，罗马剧院有时晚上也可以参观 www.consorcio-merida.org），包括罗马剧院（Teatro Romano）、竞技场（Anfiteatro）和摩尔人时期的城堡，您最好购买一张联票，这样可以省些钱。

梅里达不仅仅只有文物。酒吧和咖啡店集中在西班牙广场（Plaza España）附近，步行区是逛街和购物的好地方。您可以在新罗马酒店（Nova Roma）（55个房间 Suárez Somonte 42 € 9 24 31 12 01 www.novaroma.com）住宿，性价比更高的是Hostal Senero（11个房间。Holguín 12 € 9 24 31 72 07 www.hostalsenero.com）。对住宿要求更高的人可以选择建于18世纪的修道院中的帕拉多酒店（Parador）（82个房间 Almendralejo 56 €€～€€€ 9 24 31 38 00 www.parador.es）。问询中心 Paseo José Álvarez Sáenz de Buruaga 9 24 33 07 22 www.turismomerida.org

卡塞雷斯

（折页 E7）卡塞雷斯（Cáceres）（人口9.6万）是西班牙西部最美的城市之一，它的老城被列入《世界遗产名录》绝不是偶然。

罗马人于公元前25年建立了这座城市，中世纪时期，人们在罗马城墙的基础上又修建了城墙，一直保留至今。在那个时期，卡塞雷斯顽强地抵抗了摩尔人。13世纪并入莱昂王国后，城市开始大兴土木。美丽的小巷子，古老的贵族宫殿，教堂和文物建筑，如圣玛丽亚大教堂，是这座城市的魅力所在。从考古和艺术史角度来看都很有意义的卡塞雷斯博物馆（Plaza de las Veletas 4月中旬至9月周二至周六9:00—15:30和17:00—20:30，周日10:00—15:30；10月至次年4月中旬周二至周六9:00—19:00，周日10:00—15:30）位于风向标宫殿（Palacio de las Veletas）和骏马之家（Casa de los Caballos）里，博物馆的前身是摩尔人时期的堡垒。喜爱艺术的朋友们绝不能错过漫步于王子公园的机会，在公园里，有近30个现代雕塑。

您可以在画家大街（Pintores）和西班牙街（Avenida de España）这两条街上找到许多商店和咖啡馆。您可以在1947年创立的El Figón de Eustaquío饭店（Plaza de San Juan 12–14 每天 €€～€€€ 9 27 24 43 62 www.elfigondeeustaquio.com）里享用这个地区的特色美食。这里的喧嚣和拥挤程度体现了它极好的声誉。阿方索九世酒店（Hotel Alfonso IX）（37个房间 Moret 20 € 9 27 24 64 00 www.hotelalfonsoix.com）地处市中心，为您提供可靠的服务。问询中心 Plaza de Santa Clara 9 27 24 71 72 turismo.caceres.es

周边景点

瓜达卢佩（Guadalupe）（折页 F7）

瓜达卢佩是一座有3 000人口的小城，位于卡塞雷斯东边125千米处，它的标志是大教堂（Basilika）和瓜达卢佩圣母——一幅身着黑色衣袍的圣母的肖像。人们在圣像室（10:30—

13:30和16:30—19:00 @www.monasterioguadalupe.com）里朝拜圣母并把她看作埃斯特雷马杜拉的守护女神。皇家瓜达卢佩圣母修道院（Real Monasterio de Santa María de Guadalupe）是世界遗产。修道院里自1908年就住着圣方济会的修士。皇家修道院旅馆（Hospedería del Real Monasterio）（47个房间 Plaza de Juan Carlos I ¥€ 9 27 36 70 00 @www.hotelhospederiamonasterioguadalupe.com）为您提供舒适安静的住宿环境。

蒙弗拉圭国家公园（Parque Nacional de Monfragüe）（折页 F7）

卡塞雷斯东北50千米处，有一座国家公园（@www.magrama.gob.es/es/red-parques-nacionales），里面有岩石和各种鸟类，如秃鹰、山雕、黑鹳和猎鹰，简直是当地锦囊 鸟类的天堂！塔霍河和铁塔尔河流经这个约180平方千米的公园。游客中心（9 27 19 91 34）位于圣卡洛斯的比利亚雷阿尔（Villarreal de San Carlos），是徒步旅行的出口。附近村庄的简介和住宿预订电话请查看网站@www.parquedemonfrague.com。

普拉森西亚（Plasencia）（折页 E-F6）

这是一座具有重要历史意义的城市（人口3.9万）。它位于卡塞雷斯北部95千米处赫尔特河（Río Jerte）岸边，由卡斯蒂利亚国王阿方索八世在12世纪建立。老城门如太阳门（Puerta del Sol）和科里亚门（Puerta Coria）保存完好。大教堂分为两部分：新的部分（15—18世纪）和老的部分（13—14世纪）。松树公园（Parque de los Pinos）和高架渠附近有一家简朴的酒店——皇家酒店（Hostal Real）（30个房间 Avenida de Salamanca 17 ¥€ 9 27 41 29 00 @hostalreal.com），带餐厅。问询中心 Santa Clara 4 9 27 42 38 43 @www.plasencia.es

特鲁希略（Trujillo）（折页 F7）

这座小城（人口1万）位于卡塞雷斯东边45千米处，是埃斯特雷马杜拉真正的瑰宝。在摩尔人的长期统治下，1232年基督徒发动了起义，许多贵族家庭因此搬到了特鲁希略，并在此建造了宏伟的宫殿。最著名的城市之子是弗朗西斯科·皮萨罗（1478—1541），马约尔广场上有一座纪念他的铜制骑士立像。在今天看来，这个雕像的纪念意义令人难以理解。皮萨罗处决了秘鲁的印加帝国统治者阿卡瓦尔帕，他被认为是世界历史上最残暴的征服者之一。

不管有没有皮萨罗的雕像，马约尔广场都是西班牙最美的广场之一，拱廊掩映着广场的一部分。在广场旁坐落着14—16世纪的圣马丁教堂（Iglesia de San Martín）和查尔斯公爵的宫殿（Palacio de los Duques de San Carlos）。摩尔人和犹太人的居住区曾经围绕着广场。请您不要错过以下体验：登上马约尔圣玛丽亚教堂，目光越过城墙遗迹，享受远处的风光。在这座城市的最高点，一个被叫作“狐狸头”的地方，矗立着建于10—11世纪的阿拉伯式的城堡。

El 7 de Sillerías饭店（Sillerías 7 周一晚上和周二不营业 ¥€€ 9 27 32 18 56 @www.el7desillerias.

住在部分悬空的空中悬屋有一点令人毛骨悚然

com）位于市中心，以合适的价格提供美味的地方美食。当地锦囊 奥雷利亚纳之家（Casa de Orellana）（5个房间 Palomas 5–7 ¥€€ 9 27 65 92 65 @www.casadeorellana.com）位于15世纪的城市宫殿里，环境优雅，服务高端。这座宫殿是欧洲第一位到达亚马孙的航海家——弗朗西斯科·德·奥雷利亚纳（Francisco de Orellana）的出生地。您也可以在Posada Dos Orillas旅馆（13个房间 Cambrones 6 ¥€ 9 27 65 90 79 @www.dosorillas.com ）舒适地住宿。问询中心 Plaza Mayor 9 27 32 26 77 @www.turismotrujillo.com

昆卡

（折页 K7）这座省会城市（人口5.6万）海拔将近1 000米，是西班牙东部核心区的亮点，非常值得绕路去参观。

在霍兹德维代尔（Hoz del Huécar）峡谷之上的空中悬屋（Casas Colgadas）风景如画。西班牙抽象艺术博物馆（Museo de Arte Abstracto Español）（周二至周五11:00—14:00和16:00—18:00，周六11:00—14:00和16:00—20:00，周日11:00—14:30 @www.march.es/arte/cuenca）也位于这里。这里收藏有安东尼·塔皮埃斯（Antoni Tapies）的作品，也常常举办临时展览。圣巴勃罗铸铁桥（Puente San Pablo）也非常值得一看。您可以通过参观90米长的当地锦囊 阿方索八世隧道（Túnel Alfonso VIII）（ Alfonso VIII 周一至周三13:00，周五至周日12:00、13:00、17:00和18:00有导览）见识到昆卡（Cuenca）的地下构造，在历史上这些隧道最初被用作地道。之后被用作地下水管道。有时还会有“戏剧展示”，这使得这个建筑作品的功能和运作更加形象。在复活节前一周，昆卡会有浩浩荡荡的忏悔者游行。

摩尔人率先统治这座城市，对当地历史有着重要的影响，阿方索八世于1177年收复这座城市。内城里所有的道路都通向大教堂（12世纪）和市政厅所在的马约尔广场。在广场附近，您可以找到一些好的小吃酒吧，Raff饭馆提供精选的有新意的餐品（ Federico García Lorca 3 除了周四、周五晚上，其他晚上不营业 ¥€€€ 9 69 69 08 55 @www.restauranteraff.es/）。

我们推荐您在有特色的老城旅馆Posada de San José（22个房间 Julián Romero 4 ¥€~€€ 9 69 21 13 00 www.posadasanjose.com）里住宿。问询中心 Plaza Mayor 1 9 69 24 10 51 www.turismo.cuenca.es

周边景点

魔法城（Ciudad Encantada）（折页K6）

昆卡东北35千米处的自然保护区被叫作“被施了魔法的城市”，这里的地理构造很令人称奇。时间的流逝和风雨的侵蚀雕刻出了这里美丽的地形。10:00—18:00，5月至9月延长至20:00 www.ciudadencantada.es

特鲁埃尔（Teruel）（折页L6）

这个偏僻的有3.5万人口的城市位于昆卡东北150千米处，对于打算前往萨拉戈萨或者地中海沿岸城市巴伦西亚的游客来说是值得参观的一站。这里的中世纪穆德哈尔人建筑——受穆斯林风格影响的基督教区建筑是世界文化遗产。大教堂、圣萨尔瓦多大教堂、圣马丁教堂和圣佩德罗教堂体现了这种建筑风格。三星级酒店El Mudayyan（8个房间 Nueva 18 ¥€ 9 78 62 30 42 www.elmudayyan.com）地处市中心，装潢精美。问询中心 Plaza de los Amantes 6 9 78 62 41 05 www.turismo.teruel.es

马德里

马德里（Madrid）是西班牙的心脏，所有事务最终都会在这里决断。国王夫妇在这里接待政府首脑和外宾，重要企业的总部也设立在这里，庞大的政府机构同样位于这里。

马德里这个热情奔放的大都市永远给游客惊喜。酒馆、电影院、剧院和音乐是不会让“夜猫子”失望的。对艺术爱好者来说，马德里

几个世纪以来的城市中心：马德里马约尔广场

之旅的高潮是参观3座博物馆——提森·博内米撒博物馆（Thyssen-Bornemisza）、普拉多博物馆和索菲亚王后国家艺术中心博物馆。

加上郊区，马德里人口总数约为320万。推荐您在这里乘坐地铁（@www.metromadrid.es）出行，马德里地铁线路很多，站点也很多。想要全方位地探索马德里，您可以买一张马德里卡（@www.madridcard.com）。

景点

马德里老城（Old Madrid）（折页b-c 2-3）

1561年菲利普二世把曼萨纳雷斯河（Río Manzanares）旁本不重要

现代艺术的殿堂：享有世界盛誉的索菲亚王后国家艺术中心博物馆

CITY **从这里出发**

您可以自驾并把车停在市郊处，之后搭乘地铁（1、2、3号线）到达“Sol”站，也就是太阳门（折页c2）附近：如果说马德里是国家心脏的话，太阳门附近的脉搏跳动得最快。马约尔广场、老城和皇宫离太阳门都很近，可以步行到达。

的一小块地方变为了他所统治的王国的首都。随后，宏伟华丽的建筑和花园一一出现。老城的中心和交通枢纽是被拱廊掩映的气氛和谐的马约尔广场。马约尔广场是西班牙最美的广场之一。广场四周是通往各处的小路，步行就可以到达太阳门附近的购物中心。

拉斯列特拉斯区（Barrio de las Letras）（折页 d2）

从马约尔广场出发，会漫步经过米格尔·德·塞万提斯和洛佩·德·维加曾经居住过的地方，一个盛产诗人和思想家的城区。普拉多大道（Calle del Prado）通向圣安娜广场（Plaza de Santa Ana），这是一个有许多咖啡馆、玻璃幕墙、西班牙剧院和两位文学巨匠纪念碑的广场。广场上纪念的两位文学家是佩德罗·卡尔德隆·德·拉·巴尔卡和费德里戈·加西亚·洛尔卡（Federico García Lorca）。

田园之家（Casa de Campo）

内城西边是马德里的“绿肺”，这里有便利的交通网、餐饮区、休闲公园和动物园（@zoomadrid.com）。在这里总能看到美丽的城市剪影。

马德里艺术团（Círculo de Bellas Artes）（折页 d1–2）

20世纪20年代的历史艺术家俱乐部，设有咖啡馆（每天开放）、剧院和文化节目。这里隐藏的一个亮点是当地锦囊屋顶露台（周一至周四9:00至次日1:30，周五9:00至次日2:30，周六11:00至次日2:30，周日11:00至次日1:30），在那儿，您可以和智慧女神雅典娜的青铜塑像并肩端坐，俯瞰整座城市。Alcalá 42 @www.circulobellasartes.com

佛罗里达圣安东尼王家教堂（Ermita de San Antonio de la Florida）

这个小小的教堂在一定意义上来说，是马德里的西斯廷礼拜堂：埋葬在这里的弗朗西斯科·戈雅于18世纪末在教堂内创作了独具风格的壁画。Glorieta de San Antonio de la Florida 周二至周六9:30—20:00

圣地亚哥·伯纳乌球场（Estadio Santiago Bernabéu）

这座足球场是多次欧洲冠军联赛冠军获得者——皇家马德里的主场，它吸引着来自世界各地的球迷。在伯纳乌球场发现之旅（Tour Bernabéu）中，游客可以参观皇马神圣的草坪，进入设有奖杯陈列柜的博物馆。Paseo de la Castellana 142 周一至周六10:00—19:00，周日10:30—18:30 @www.realmadrid.com

河边公园（Madrid Río）

曼萨纳雷斯河边的公园是21世纪

迭戈·委拉斯开兹

迭戈·委拉斯开兹是西班牙巴洛克时期最重要的画家。他早期在塞维利亚开始创作，专攻风俗画和宗教画，之后于1623年来到马德里，成为菲利浦四世的宫廷画师。委拉斯开兹常常去意大利旅行和暂住，然后返回马德里，为宫廷贵族画像。他最著名的画作是《宫女》，在普拉多博物馆展出。画面描绘了被宫女簇拥着的玛格丽特小公主，左边的背景是站在画架边上的委拉斯开兹本人。

城市规划的展示项目，明显提高了马德里人民的生活质量。人们在这里散步、休息、慢跑、骑自行车。这里为小朋友设立了许多游乐设施。当地锦囊 最美丽的一段位于托雷多桥（Puente de Toledo）和小小的屠宰场桥（Puente del Matadero）之间。屠宰场桥位于马塔德罗文化中心附近，旁边曾经是一座屠宰场。

索菲亚王后国家艺术中心博物馆（Museo Nacional Centro de Arte Reina Sofía）●（折页 d-e3）

西班牙最好的博物馆之一，主要展出近现代艺术家的作品，如达利、米罗（Miró）、马格利特（Magritte）、塔皮埃斯和培根（Bacon）的作品。毫无疑问，全馆的最大看点是毕加索享誉世界的反战油画《格尔尼卡》。画中描绘了巴斯克地区格尔尼卡市在1937年4月被德国炸弹炸毁的场面。Santa Isabel 52 周一、周三至周五10:00—21:00，周日10:00—14:15，博物馆的一部分区域开放到19:00 @www.museoreinasofia.es

省钱有道

●马德里阿托扎车站（Estación de Atocha）历史悠久的火车站大厅，作为异国色彩的“花房”给您带来免费的惊奇体验。在高楼林立的都市中，您可以在此找到一片绿洲，这里有棕榈树、香蕉树和供人们休憩的小长椅。

雷纳·索菲亚艺术中心在周一全天以及周三至周六19:00后、周日13:30后可以免费参观；提森·博内米撒博物馆周一免费开放；普拉多博物馆的常规展览在周一至周六18:00后以及周日17:00后可以免费参观。皇宫附近的美丽花园——萨巴提尼花园一般情况下对公众免费开放。

在阿维拉，圣特雷莎圣物堂基本上是免费开放的。

普拉多博物馆（Museo del Prado）★（折页 e2）

这里的油画展堪称世界最好的画展，有许多绘画大师的展品，如鲁本斯、伦勃朗、范戴克、提香和格列柯的作品，还有迭戈·委拉斯开兹（Diego Velázquez，1599—1660）的《宫女》（*Las Meninas*）和弗朗西斯科·戈雅的《黑色绘画》。Paseo del Prado 周一至周六10:00—20:00，周日10:00—19:00 @www.museodelprado.es

提森·博内米撒博物馆（Museo Thyssen-Bornemisza）★（折页 d1-2）

马德里第三个值得参观的博物馆，有许多展品，从早期的意大利大师到波普艺术。这里收藏了卡拉瓦乔、格列柯、鲁本斯、戈雅、图鲁斯-罗特列克、凡·高、蒙克、诺尔德、康定斯基和毕加索的画作。您可以在充满艺术氛围的咖啡厅里稍作休息。Paseo del Prado 8 周二至周日10:00—19:00，周一12:00—16:00 @www.museothyssen.org

皇宫（Palacio Real）（折页 b2）

建于18世纪，虽然现在国家首脑不住在这里，但是，当有贵宾来访时，国家领导人还是会在这里接待他们，之后皇宫仍向游客开放。皇宫里大有看头，在富丽堂皇的立柱间游览，您可以仔细欣赏这里的吊灯、镜子、壁画、地毯、雕塑和价值连城的油画作品。皇家兵器馆（Real Armería）的武器装备也值得一看。皇宫还开放了一个新的特别展区——皇家收藏博物馆（Museo de las Colecciones Reales）。在皇宫旁有一座现代化的教堂——阿穆德纳圣母主教座堂（Catedral de la Almudena），建成于1993年。Bailén 10:00—18:00，4月至9月延长至20:00 @www.patrimonionacional.es

丽池公园（Parque del Retiro）★（折页 e–f 1–3）

这里是真正的放松身心的好地方，位于市中心。公园里有草坪、小路和花圃，公园中心还有一个湖，湖面上矗立着一座阿方索七世的纪念碑。维拉兹奎兹宫（Palacio de Velázquez）和水晶宫（Palacio de Cristal）都建于19世纪，会举办各种临时展览。

美食

Botín（折页 c2）

始于1725年的传统餐厅，以“世界上最老的餐馆”而闻名，许多文学家在他们的作品中提到了这个餐馆，使之青史留名。位置有些偏僻，有几个小餐厅，特色菜是烤乳猪。Cuchilleros 17 每天 ¥€€€ 9 13 66 42 17 @www.botin.es

El Estragón Vegetariano（折页 b2）

这个素食餐厅位于市中心的拉拉提那城区的广场边，食材简单却十分美味。Plaza de la Paja 10 每天 ¥€～€€ 9 13 65 89 82 @www.elestragonvegetariano.com

Restaurante La Favorita

这是一家由20世纪20年代的房屋改造而成的餐厅，内附花园，环境优雅，每一道菜都值得称赞。这里最大的特色是，大多数服务员都会唱歌剧。就餐时，会有美妙的钢琴伴奏和出色的歌唱表演。如果您想享受高雅的服务，这里是不二之选。午餐价格比晚餐稍低。Calle de Covarrubias，25 周一至周五13:30—16:00和21:00—24:00，周六21:00—24:00 ¥€€€ 9 14 48 38 10 @http://lafavoritarestaurante.com

Casa Parrondo

这家餐厅所在的这条街附近的4家餐厅都属于同一个老板。这家是4家里最好的，环境不错，每天的午餐时间会推出不同的菜单，价格实惠，味道很棒，头菜的三文鱼蔬菜沙拉和主菜的牛扒都超级可口。偶尔午餐时间不推出菜单，需提前咨询。Calle Trujillos 9 13:00至次日2:00 ¥午餐€，晚餐€€ 9 15 22 62 34

塔帕斯小吃

塔帕斯小吃爱好者在圣安娜广场（折页 d2）附近可以找到许多当地饭馆。广场旁经典的小吃店是Cervecería Alemana（每天 @www.cerveceriaalemana.com），海明威喜欢在这里用餐。历史悠久的圣米盖尔市场（Mercado de San Miguel）（折页 b–c2）（每天 @www.mercadodesanmiguel.es）里有各种可口精美的小吃。

购物

高档的萨拉曼卡区（折页d-e1）有许多受欢迎的购物区，内有时装店和珠宝店，尤其是在赛拉诺街（Calle Serrano）附近。小的潮流店聚集在楚埃卡区和马拉萨纳区。每周日上午在Ribera de Curtidores（折页c3）及其附近街区开设的跳蚤市场上，货品形形色色，相当有趣。

夜生活

在马德里，夜晚仿佛特别长，马德里的“活跃气氛”从20世纪80年代起就成了传奇。住宿和娱乐选择特别多。您可以在圣安娜广场、五月二日广场（Dos de Mayo）和阿隆索马提内兹广场（Plaza Alonso Martínez）找到许多娱乐场所。马拉萨纳区和楚埃卡区（折页d1）有许多酒吧。查瑞拉小歌剧院（Teatro de la Zarzuela）（折页d2）（🏠Jovellanos 4 @teatrodelazarzuela.mcu.es）让您有机会可以亲身体验西班牙歌剧的精简版——说唱剧。经典歌剧、音乐会和芭蕾舞表演在皇宫附近的皇家歌剧院（Teatro Real）（折页b1-2）（@www.teatro-real.com）上演。罗贝·贝加剧院（Teatro Lope de Vega）（折页c1）（🏠Gran Vía 57）奢华铺张的表演吸引了无数的音乐爱好者。当地锦囊 里亚尔托剧院（Teatro Rialto）（折页c1）（🏠Gran Vía 54 @www.teatrorialto.es）也常常献上精彩的音乐表演。

圣米盖尔市场里来自加利西亚的海鲜摊位总是被人群包围

住宿

Benamar

环境相对较安静，价格也较便宜，房间布置简单，位于Tribunal和Alonso Martínez地铁站附近。学习语言课的学生们喜欢租住这里的房间，他们常常在附近街道或者更安静的内院里散步。24个房间。San Mateo 20 ¥€ 9 13 08 00 92 @ www.hostalbenamar.es

Ritz（折页 e2）

位于普拉多博物馆旁边，1910年开始营业。这个奢华的酒店是寻找怀旧氛围的游客的首选。酒店大厅精美得像一件艺术品，餐厅露台也充满情调。配备体育馆。167个房间。Plaza de la Lealtad 5 ¥ €€€ 9 17 01 67 67 @www.mandarinoriental.es/ritz-madrid

Room Mate Mario（折页 b–c）

皇家剧院附近的现代化三星级酒店，地处市中心。服务态度很好，提供美味的自助早餐。54个房间。Campomanes 4 ¥€€ 9 15 48 85 48 @mario.room-matehotels.com

问询中心

（折页 c2）Plaza Mayor 27 9 14 54 44 10 @www.esmadrid.com 其他更多游客信息办公室在机场（第2和第4航站楼）和哥伦布广场（Plaza de Colón）。

周边景点

埃纳雷斯堡（Alcalá de Henares）（折页 H6）

传统的大学城，“西班牙牛津”，在马德里东边约30千米处。马德里人喜欢住在这里，享受历史区的舒适氛围。白鹳陪伴着2.7万名大学生舒适自由地在这里生活，这也证明了这座城市的宜居性。

艺术史上的高峰是15世纪末红衣主教西斯内罗斯下令建造的外立面装饰华丽的●圣伊尔德丰索马约尔学院（Colegio Mayor de San Ildefonso）（有导览服务 Plaza de San Diego 周一至周五11:00—13:00和16:00—19:00，周六、周日11:00—14:00和16:00—19:00 @visitasalcala.es）。大学里景色优美，有存放红衣主教大理石墓碑的圣伊尔德丰索教堂和被穆迪哈尔建筑风格的录音机式样的外壳罩着的马格纳大礼堂。在最常被光顾的老城街道上，马约尔街48号是著名文学家米格尔·德·塞万提斯的出生地（Casa de Cervantes 周二至周日10:00—18:00 @www.museocasanataldecervantes.org）。在大教堂里有为了纪念“圣洁的孩子”（Santos Niños）胡斯托和帕斯托而修建的墓穴，这两个孩子在罗马时期殉教而死。在塞万提斯广场（Plaza de Cervantes）您可以停下来喝一杯。问询中心 Plaza de los Santos Niños 9 18 81 06 34 @www.turismoalcala.es

当地锦囊 钦琼（Chinchón）（折页 H6）

宁静的小城（人口4 000），位于马德里东南45千米处，天然气储备丰

文艺复兴时期的辉煌：用壁画装饰的埃斯科里亚尔图书馆

富。木质长廊围绕着美丽的马约尔广场。往上走一层，您可以看到收藏有戈雅油画的圣母蒙召升天教堂（Nuestra Señora de la Asunción）。@www.ciudad-chinchon.com

埃斯科里亚尔（El Escorial）（折页H6）

雄伟的文艺复兴时期的建筑，建于国王费利佩二世时期，1563—1584年由胡安·包蒂斯塔·德·托莱多（Juan Bautista de Toledo）和胡安·德·埃雷拉（Juan de Herrera）主持修建。埃斯科里亚尔修道院（Real Sitio de San Lorenzo de El Escorial）（4月至9月周二至周日10:00—20:00，10月至次年3月10:00—18:00 @www.patrimonionacional.es）海拔约1 030米，位于马德里西北约50千米处，既是宫殿又是修道院。在皇家祖先祠埋葬着许多统治者，王子和公主的墓穴在皇家子孙祠。费利佩二世死于宫殿偏殿的一个房间，曾经的教士会堂现在是油画画廊。其他值得一看的当属图书馆里的壁画和有90米穹顶的大会堂了。参观宫殿之前或之后，您可以在圣洛伦索–德埃尔埃斯科里亚尔（San Lorenzo de El Escorial）（人口1万）小城漫步，这里有许多酒吧和饭店。

萨拉曼卡

（折页 F5）**托尔梅斯河岸边海拔800米的省会城市（人口14.6万），这里的中心广场（马约尔广场）是西班牙最美的广场之一，萨拉曼卡大学建于13世纪，是历史最悠久的大学之一，这给★萨拉曼卡（Sa-**

lamanca）带来了年轻学生的朝气。

这里早在罗马和摩尔人统治时期就很受欢迎。阿方索六世国王在1085年收复失地运动中将萨拉曼卡成功夺回。萨拉曼卡老城里有许多文物古迹，被列入《世界遗产名录》。想要更详尽的参观萨拉曼卡的名胜古迹，推荐您购置一张萨拉曼卡卡（@www.salamancacard.com）。在复活节前一周有传统的游行活动。

景点

贝壳之家（Casa de las Conchas）

一个您不应错过的景点：墙面镶嵌着将近400个石头贝壳，和房屋的名字很符合。贝壳之家是城市贵族的府邸，建于1495—1517年。🏠Compañía 🕒周一至周五9:00—21:00，周六、周日9:00/10:00—14:00和16:00—19:00

新大教堂（Catedral Nueva）和旧大教堂（Catedral Vieja）

旧大教堂建于罗马时期，新大教堂建于16—18世纪。新大教堂里装饰华丽的入口尤其漂亮。教堂内部的规模（长104米，宽50米）令参观者印象深刻。🕒10:00—18:00，4月至9月延长至20:00 @catedralsalamanca.vocces.com

新艺术运动与装饰艺术博物馆（Museo de Art Nouveau y Art Déco）

这里有19世纪末到20世纪50年代各式各样的装饰艺术，从瓷娃娃到玻璃器皿，再到铜制和象牙制的人像。🏠Gibraltar 14 🕒周二至周五8月11:00—19:00，4月至10月中旬直到20:00；周六至周日11:00—20:00 @www.museocasalis.org

马约尔广场（Plaza Mayor）●

18世纪巴洛克风格的拱廊环绕的广场，充满了生活气息。这个广场是多元文化聚集地和开放式的客厅，学生和游客在此集会，别有趣味。

罗马桥（Puente Romano）

据推测，罗马桥始建于1世纪，有26个拱洞，横跨托尔梅斯河，17世纪时进行了修缮。在桥上可以欣赏到美丽的老城和河水的风光。

大学（Universidad）

2018年是萨拉曼卡大学建校800周年，这里现存的建筑建于15、16世纪。装饰华丽的主立面是石头谱成的诗歌。在老图书馆悬挂着《萨拉曼卡的天空》（*El Cielo de Salamanca*），这是画家费尔南多·加列戈于15世纪末完成的一幅作品。🏠Libreros 30 @campus.usal.es

美食

Casa Vallejo

您可以在有乡村风味的室内环境里享受传统风味与现代创新融合的卡斯蒂利亚美食。想要品尝全套美味的人，应该选择品鉴套餐。这里的葡萄酒品质很高。🏠San Juan de la Cruz 3 🕒周日晚上和周一不营业 ¥€€€ ☎9 23 28 04 21

塔帕斯小吃

白天，小吃集中在马约尔广场、中心市场区（Zona Mercado Cent-

西班牙学生的食品：在萨拉曼卡大学里的塔帕斯小吃

ral）和普拉多大街（Calle Prado）。晚上，范戴克街是最好的品尝小吃的地方。

夜生活

年轻人常去的聚集地为格兰大道（Gran Vía）、博达多罗斯街（Calle Bordadores）、普里奥尔街（Calle Prior）、圣胡斯托街（Calle San Justo）和瓦利亚斯区（Zona de Varillas）。

住宿

Goya

价格相对低廉的旅馆。房间整洁，地理位置便利。16个房间。Paseo Carmelitas 58 € 9 23 26 78 86 www.hostalgoyasalamanca.com

当地锦囊 Rector

想要找优雅的小型精品酒店的游客，选择这个酒店准没错。地处市中心，服务周到。13个房间。Paseo Rector Esparabé 10 €€€ 9 23 21 84 82 www.hotelrector.com

问询中心

Plaza Mayor 32 9 23 21 83 42 www.salamanca.es

周边景点

阿尔瓦·德托梅斯（Alba de Tormes）（折页 F5）

风景如画的教堂小镇（人口5 000），位于萨拉曼卡东南20千米的托尔梅斯河旁。在加尔默罗会修道院La Anunciación（教堂8:15—13:30和16:00—20:00开放，夏季延长至20:30）里，信徒们将阿维拉的圣特蕾莎修女的遗骨盒供奉在这里。庄严的城堡主楼（Torre del Homenaje）和托梅尔斯河上的桥也值得参观。在Alameda旅馆（35房间 Avenida Juan Pablo II € 9 23 30 00 31 www.hotelrestaurantealameda.com）里住宿，便捷又便宜，这个旅馆旁边还有一家餐馆。问询中心 Castillo de los Duques de Alba 9 23 37 06 46 www.villaalbadetormes.com

贝哈尔（Béjar）（折页 F6）

与青山相接的小城（人口1.7万），海拔970米，位于萨拉曼卡南边70千米处。贝哈尔有一些吸引人的名胜古迹，如建于16世纪的公爵宫殿（Palacio Ducal）。在卡德纳斯塔楼（Torreón de las Cadenas）里有一个照相机暗箱（Camera Obscura）（周五至周日11:00—14:00）值得一看。中世纪的城墙由摩尔人修建。贝哈尔有西班牙最古老的斗牛场。占地面积不大的犹太博物馆（Museo Judío）（Los Curas 24 周四11:00—14:00，周五至周六17:00—20:00）可以作为您旅程的目的地。三星级酒店Colón（74个房间 Colón 46 €~€€ 9 23 40 06 50 www.hotelcolonbejar.com）地处市中心，带有餐厅和温泉，是理想的住宿地。

罗德里戈城（Ciudad Rodrigo）（折页 E6）

有许多文物的小城（人口1.5万），位于萨拉曼卡西南90千米处，在西班牙与葡萄牙边界的阿圭达河边。城市起源于罗马前期的一个城区。2 000米长的城墙和罗马哥特式的大教堂以及它精美的人物雕像入口是历史遗产。这座城市有许多教堂和地主庄园。马约尔广场附近有许多当地饭馆和塔帕斯酒吧，气氛很好。建于14世纪的恩里克二世堡垒，现如今改建成了一座旅馆（35个房间 Plaza del Castillo 1 €€ 9 23 46 01 50 www.parador.es）。问询中心 Plaza Mayor 27 9 23 49 84 00 turismociudadrodrigo.com

莱德斯马（Ledesma）（折页 F5）

拥有约1 000人口的莱德斯马位于萨拉曼卡西北35千米处的托尔梅斯河边。这里的人们为其所拥有的丰富的历史文化古迹而骄傲，如15世纪的城堡、城墙、马约尔广场和几座教堂。您可以舒适地在乡村旅馆La Muralla de Ledesma（13个房间 Plaza del Correo 4–6 € 9 23 57 05 42 www. lamuralladeledesma.es）住宿，紧挨着这座旅馆有一个乡村风味餐馆。问询中心 Plaza Mayor 1 9 23 57 00 15 www.ayuntamiento-deledesma.com

莱德斯马适合作为去往艾瑞贝斯德尔杜罗自然公园（Parque Natural Arribes del Duero）（www.losarribes-delduero.com）的中转站。公园里有许多鸟类在此栖息，也有许多峡谷，阿尔德亚达维拉德拉里韦拉（Aldeadávila de la Ribera）和比利亚里诺德洛赛雷斯（Villarino de los Aires）附近有很多远眺点。参加游船旅行将是一次有趣的体验。推荐您在乡村民宿或者费尔莫塞列（Fermoselle）住宿。

拉斯巴杜厄卡斯-弗朗西亚山脉自然公园（Parque Natural de Las Batuecas-Sierra de Francia）（折页 E6）

群山环绕、满目苍翠的自然公园最高处——哈斯提阿拉峰（Pico Hastiala）和佩尼亚-德弗朗西亚峰（Peña de Francia）海拔超过1 700米，许多可供徒步旅行的小路通往这里。山雕和秃鹰在山间展翅翱翔。此外，山间还有圣马尔廷德尔卡斯塔尼亚尔（San Martín del Castañar）和拉斯巴杜厄卡斯（Las Batuecas）两座山村。在拉阿尔贝卡（La Alberca），您可以找到自然公园的游客信息办公室和许多旅馆，其中就有拉斯巴杜厄卡斯乡村旅

西班牙塞哥维亚最著名的渡槽有166个拱门

馆（34个房间 Avenida de las Batuecas 6 ¥€ 9 23 41 51 88 www.hotelasbatuecas.com），旅馆的旁边就有一家饭馆。Antiguas Eras La Alberca旅馆（33个房间 Avenida Batuecas 29 ¥€ 9 23 41 51 13 www.antiguaseras.com）装潢时尚，服务周到。turismosierradefrancia.es

塞哥维亚

（折页H5）★**这座海拔约1 000米的省会城市（人口5.7万）有着三方面的魅力：人文历史、建筑历史和烹饪。**

美食家和艺术爱好者会立刻爱上这座城市。塞哥维亚（Segovia）的城市形象常常被比作一艘船：皇宫是船头，将近90米高的教堂塔楼是船桅，罗马式的高架渠构成了船舵。

老城就像是一本展开的图画书，有许多教堂、修道院和塔楼。此外，城墙和地主庄园也聚集在老城。阿索格霍广场、马约尔广场和圣马丁广场是城市的枢纽。您可以在罗斯霍约斯坡和皇家公园欣赏美丽的城市风光。但有一点值得注意，那就是气候。塞哥维亚是西班牙冬季温度最低的城市之一。

景点

高架渠（Acueducto）

位于步行区尽头的高架渠是城市的象征，被联合国教科文组织列为世界文化遗产。早在1、2世纪，罗马人就利用高架渠把水从远处的里奥弗里奥调运到这里。整个建筑的最后一部分是极其惊人的。凉水在此要流过166个由两个柱子支撑的拱门，这些拱门由超过2万个花岗岩石块构成，最高处有28米。11世纪由于摩尔人的攻击，许多拱门遭到了破坏，但后来都被修复了。

皇宫（Alcázar）

塞哥维亚建于中世纪的堡垒，位于埃雷斯马河和克拉莫雷斯河两河交汇的有利战略位置，既是骑士城堡，又是宫殿。这里曾居住着卡斯蒂利亚国王，被称为“智者”的阿方索十世曾在这里进行他的天文学研究，伊莎贝拉也是在这里继位为西班牙女王的。16世纪，费利佩二世和来自奥地利的安娜公主在此举行了婚礼。在1862年的火灾之后，城堡被重建。4月至9月10:00—19:30，10月至次年3月10:00—18:30 www.alcazardesegovia.com

大教堂（Catedral）

这座大教堂被人们称为西班牙大教堂中的“贵妇”，是哥特晚期的宏伟建筑，并且被认为是西班牙同类型建筑的最后一幢，它高耸的瓦顶在老城里熠熠生辉。教堂的后殿和犹太人区相接，过去这里有5个犹太教堂。9:30—17:30，夏季延长至18:30

美食

Casa Paco

酒吧和餐馆的结合体，特色菜是四方形的蛋饺。Plaza de San Lorenzo 5 周三不营业 €~€€ 9 21 43 14 35 www.casapacosanlorenzo.es

Mesón de Cándido

不会有比这个餐馆更特别的菜品供应了。这个餐馆位于高架渠的阴影下，位置比较偏僻。有名望的客人的肖像被留在画廊里，这是1884年以来的传统。有特色的菜品是烤乳猪。最好提前预订座位。Plaza del Azoguejo 5 每天 €€€ 9 21 42 59 11 www.mesondecandido.es

夜生活

塞哥维亚最好的品尝小吃的地方在马约尔广场附近，在深夜，这里也是一个好去处。绅士街（Calle Escuderos）也一样值得一去。伊莎贝尔公主街（Calle Infanta Isabel）是酒吧一条街。

住宿

La Huerta de San Lorenzo

城市北边安静的乡村旅馆，给人们家一样的感觉，所有房间都配有浴池。在旅馆饭店里烹饪的是自家有机菜园里的菜。4个房间。San Vicente el Real 27 € 9 21 44 32 25 www.lahuerta.org

Palacio San Facundo

市中心的宫殿，始建于16世纪，房间精心装饰过，有咖啡厅和自己的车库。33个房间。Plaza San Facundo 4 €€ 9 21 46 30 61 www.hotelpalaciosanfacun do.com

完全用砖建造的几何结构的科卡城堡

问询中心

Plaza del Azoguejo 1 9 21 46 67 20 www.turismodesegovia.com

周边景点

科卡城堡（Castillo de Coca）（折页G5）

在塞哥维亚附近有几座值得参观的堡垒和一条城堡参观线路，这条线路正好经过塞哥维亚西北50千米处的美丽的科卡城堡。这座城堡始建于1453年，完成于16世纪。这座建筑宏伟壮丽，呈几何形，是哥特晚期穆迪哈尔风格艺术品的范例。2月至12月除了每月第一个周二，周一至周五10:30—13:00和16:30—18:00，周六、周日11:00—13:00和16:00—18:00 www.castillodecoca.com

圣伊尔德丰索（La Granja de San Ildefonso）（折页H5）

往东南走10千米，您可以到达巴洛克式的圣伊尔德丰索皇家宫殿（Palacio Real de La Granja de San Ildefonso）。波旁王朝统治者费利佩五世将它建成了“小凡尔赛宫”。之后的统治者将这个地方作为夏季居住的地方。宫殿1721年开始建造，装饰有雕塑喷泉和艺术喷泉的公园也值得一看。喷泉只在特定的日期表演。宫殿周二至周日10:00—18:00，4月至9月延长至20:00，花园10:00—18:00/19:00/20:00/21:00（根据季节关闭时间不同）

里奥弗里奥（Riofrío）（折页 H5）

塞哥维亚往南12千米是里奥弗里奥皇家宫殿（周二至周日10:00—18:00，4月至9月延长至20:00）。宫殿建于18世纪中期，按照法尔内塞家族伊莎贝拉公主的要求，宫殿被建成了意大利风格。皇家房间被保留，除此之外宫殿内还有一个狩猎博物馆。超过6平方千米的里奥弗里奥森林公园（Bosque de Riofrío）邀请您前去散心。www.patrimonionacional.es

索里亚（Soria）（折页 J4）

位于塞哥维亚东北190千米的索里亚（人口4万）海拔1 060米，位于杜罗河旁的山谷中。索里亚是卡斯蒂利亚-莱昂自治区被探索最少的省会城市。诗人古斯塔夫·阿道夫·贝克尔（1836—1870）和安东尼奥·马查罗（1875—1939）曾经利用这里偏远的地理位置来使自己专注于创作品。

城堡公园（Parque del Castillo）中的小山给人以眺望城市及其周边地区的最好视角。这座城市里最奇特的建筑在阿尼玛斯山路边：圣·胡安·德·杜埃罗修道院（Monasterio de San Juan de Duero）（夏季周二至周六10:00—14:00和17:00—20:00，周日10:00—14:00；其他季节16:00—19:00），这里原本是12世纪的修道院，现在只保留了十字走廊的部分拱门。在圣佩德罗广场上有罗马哥特式的教堂——圣佩德罗大教堂。重要的民用建筑是罗斯康德斯德葛马拉宫（Palacio de los Condes de Gómara），一座靠近马约尔广场的文艺复兴时期的宫殿。在马约尔广场周围，上演着最精彩的城市生活。

现代化的二星级酒店Apolonia（18个房间 Puertas de Pro 5 ¥€ 9 75

书籍/电影

《双语情人》：胡安·马尔塞，西班牙现代最怪诞的故事叙述者，强烈嘲笑并讽刺加泰罗尼亚的上层社会和语言上的民族主义者。这是一本充满幽默和荒谬的小说。

《西班牙的文化冲击》：马可波罗作家安德里亚斯·德鲁夫为我们提供了全面理解这个国家的钥匙。书中写了关于节日和传说，信仰与迷信，家庭和社会以及危机等许多内容。

《灰暗日子的回声》：多洛蕾丝·雷多东的侦探小说，讲述了一位女警官为侦查案件来到纳瓦拉的故事，书中最大的悬念常常和神话交织在一起。

《你的路》：艾米利奥·艾斯特维兹（Emilio Estevez）2010年关于朝圣的无声电影：好莱坞明星马丁·辛扮演的父亲为了他死去的儿子踏上了圣雅各之路，穿越了西班牙北部。

《爱的八个名字》：导演埃米利奥·马丁内斯·拉扎罗（Emilio Martínez Lázaro）2014年靠着这部讲述不同地区心理状态的喜剧取得了意想不到的成功。它是西班牙直到现在被观看次数最多的电影。2015年这部文化冲突喜剧的续集（直到现在只有西班牙语版本：“*Ochoapellidos catalanes*”）的拍摄地由巴斯克地区变成了加泰罗尼亚。

《胡丽叶塔》：剧中女主角胡丽叶塔的生活延伸了30多年。西班牙最成功的导演、奥斯卡奖得主佩德罗·阿尔莫多瓦尔（Pedro Almodóvar）在这部2016年的电影中再现了女性复杂的内心世界。

《黑色庄园》：爱德华·弗洛易丁尔的侦探电影有许多本土情调，故事发生在安达卢西亚，叙事视角的巧妙变换让电影悬念迭生。

23 90 56 @www.hotelapoloniasoria.com）装修设计简单，酒吧里的小吃吸引着游人。另一家性价比很高的酒店Ciudad de Soria酒店（31个房间 Zaragoza ¥€ 9 75 22 42 05 @www.hotelciudaddesoria.com）也值得推荐。问询中心 Plaza Mariano Granados 1 9 75 22 27 64 @www.soria.es,www.sorianitelaimaginas.com

托莱多

（折页 H7）★**托莱多（Toledo）（人口7.5万）位于马德里西南70千米的塔霍河谷上。**

托莱多老城被联合国教科文组织列入《世界遗产名录》。游览老城可以算是整个西班牙之旅的一个高潮，这里聚集着许多宏伟的名胜古迹，只要不错过西班牙本地人穿行的小巷子，就可以看到这些景观。您一路上可以以大教堂或者中心的市政厅广场（Plaza del Ayuntamiento）为参照物四处逛逛。

这个罗马人的托莱多城，西哥特人的帝国首都，在中世纪时发展成了“3种文化交会之城”：西班牙基督徒、摩尔人穆斯林以及犹太人都生活在这里。这座城市的许多艺术和工艺传统可以追溯到摩尔人统治时期，现在这些传统得到了很好的保护。在节日年历上，复活节前一周和基督圣体圣血节（Corpus Christi）特别醒目。在老城小巷子里来来往往需要费点力气。戴着“游客手环”可以以优惠的价格参观7个精选景点。

景点

阿卡萨城堡（Alcázar）

庞大的老城要塞，16世纪时城堡初具雏形，之后不断遭到破坏，最后一次遭到破坏是在20世纪30年代的西班牙内战中。后来，城堡的内部被改建成了军事博物馆（Museo del Ejército）（ Calle Unión 周四至次周二10:00—17:00 @www.museo.ejercito.es）。

大教堂（Catedral）

托莱多大教堂长120米，宽60米，是西班牙最大的教堂之一，位于建筑物密集的老城区。这个建筑杰作和它哥特式的大门建于1227—1493年。90米高的塔楼很引人注目。15、16世纪的马约尔礼拜堂和合唱团也值得一看，同样宏伟的还有修士会堂、教士更衣室和教堂藏宝室。大教堂自己的藏品包括埃尔·格雷考、戈雅、鲁本斯、提香和苏巴朗的作品，这也就说明了为什么这里的票价很贵。 Cardenal Cisneros 周一至周六10:00—18:30，周日14:00—18:30 @www.catedralprimada.es

塔瓦拉医院（Hospital de Tavera）

在16世纪的文艺复兴时，有许多杰出的艺术作品，其中就包括埃尔·格雷考的作品。这片建筑群由教堂、庭院、药房和博物馆组成。 Duque de Lerma 2 周一至周六10:00—13:30和15:00—17:30，周日10:00—13:30 @www.fundacionmedinaceli.org

城市整体建造艺术：塔霍河谷的托莱多景色

圣伊尔德丰索教堂（Iglesia de San Ildefonso）

这座1718年落成的教堂，也被叫作耶稣会教堂（Iglesia de los Jesuitas），位于内城。登塔远眺是这座教堂的魅力。在塔顶人们可以饱览当地锦囊托莱多独具特色的壮丽全景，由瓦顶、屋顶露台、宫殿、大教堂和其他教堂塔楼组成。Plaza Padre Juan de Mariana 1 10:00—17:45，4月至9月直到18:45

圣托梅教堂（Iglesia de Santo Tomé）

建于12—14世纪的教堂，里面悬挂着埃尔·格雷多的世界著名的油画《奥尔加斯伯爵的葬礼》（*El Entierro del Conde de Orgaz*，1586—1588）。Plaza del Conde 10:00—17:45，3月至10月中旬延长至18:45 www.santotome.org

格雷多博物馆（Museo del Greco）

在这里人们可以欣赏原籍为希腊的画家埃尔·格雷多（1541—1614）精彩绝伦的作品。格雷多原名叫作多科普洛斯·狄奥托科普洛（Domenikos Theotokopoulos），在罗马和威尼斯接受的教育。他自1577年起直到1614年去世都住在托莱多。周六下午2:00后以及周日入场免费。Paseo del Tránsito 周二至周六9:30—18:00，3月至10月延长至19:30；周日10:00—15:00 museodelgreco.mcu.es

白圣母犹太教堂（Sinagoga de Santa María la Blanca）

原本是建于12世纪的犹太教堂，后来被改建成了教堂。这里的拱廊和教士会厅很值得一看。Reyes Católicos 4 10:00—17:45，夏季延长至18:45

圣母升天犹太教堂（Sinagoga del Tránsito）

建于14世纪的犹太教堂，为穆德哈尔风格。它是瑟法蒂博物馆的一部分，再现了历史上西班牙犹太人的生活。Samuel Leví 周二到周六9:30—18:00，3月至10月延长至

19:30；周日10:00—15:00 @ www.mecd.gob.es/msefardi

美食

Taberna El Embrujo

带有精选菜品的传统酒馆，您一定要尝尝烤肉拼盘里的猪耳朵！ Santa Leocadia 6 周日不营业 ¥€€€ 9 25 21 07 06

La Naviera

老城区的饭馆常常门庭若市，本地人也时常光顾。 Campana 8 每天 ¥€～€€ 9 25 25 25 32 @www.restaurante-lanaviera.com

购物

在整个老城散布着许多手工艺品店。甜品（杏仁膏、饼干）也很受欢迎。贸易街（Calles del Comercio）、圣多梅街（Santo Tomé）、圣胡安德迪奥斯街（San Juan de Dios）和圣乌苏拉街（Santa Úrsula）是最受人们喜爱的购物步行街。

住宿

ABAD

老城里富有情调的住处。这里的主建筑在19世纪初是铁匠铺。22个房间。 Real del Arrabal 1 ¥€€～€€€ 9 25 28 35 00 @www.hotelabad.com

圣多美（Santo Tomé）

旅馆位于内城。虽然小，但是精致，价格不贵。10个房间。 Santo Tomé 13 9 25 22 17 12 ¥€ @www.hostalsantotome.com

问询中心

Plaza Zocodover 8 9 25 26 76 66 @www.toledo-turismo.com, www.turismocastillalamancha.es

巴利亚多利德

（折页 G4）巴利亚多利德（Valladolid）在皮苏埃加河边，位于马德里、布尔戈斯和莱昂围成的三角区域，是卡斯蒂利亚-莱昂自治区的省会城市，也是西班牙游人最少的地区。在过去，这里主要是皇室的居住地。

请不要被城市郊区现代化的工业区和卫星发射区吓到，在城市中心区域，巴利亚多利德会给您带来一次又一次的惊喜。这里的学生青春洋溢。在复活节前一周会有盛大的游行。Seminca国际电影节使巴利亚多利德在国际上有了名望。

景点

大坎普公园（Campo Grande）

大坎普公园是城市的“绿肺”，人们喜欢在这里享受清新的空气。公园和索里亚广场相连。

塞万提斯之家博物馆（Casa Museo de Cervantes）

17世纪早期的贵族住宅，文学大师米桂尔·德·塞万提斯在1604—1606年住在这里。 Calle del Rastro ◷周二至周六9:30—15:00，周日10:00—15:00 @www.mecd.gob.es/museocasacervantes

哥伦布之家博物馆（Casa Museo de Colón）

克里斯多夫·哥伦布的这座房子建于1506年哥伦布去世的地方。展示关于大航海时代以及“新世界”的土著文化。⌂Colón 1 ◷周二至周日10:00—14:00和17:00—20:30

圣母升天大教堂（Catedral Nuestra Señora de la Asunción）

没有完全建成的大教堂。1580年费利佩二世统治时期，在胡安·德·埃雷拉的主持下开始建造。主立面建于18世纪。曾经修道院所属教堂里的教堂博物馆（Museo Diocesano y Catedralicio）（◷周二至周五10:00—13:30和16:30—19:00，周六、周日10:00—14:00）很值得一看。⌂Plaza de la Universidad @www.catedral-valladolid.com

国家雕刻博物馆（Museo Nacional de Escultura）

国家雕刻博物馆的主要展馆是圣格雷戈里奥学院（Colegio de San Gregorio）。帕伦西亚（Palencia）的主教阿隆索·德·布尔戈斯，于15世纪末期建造了这座建筑作为神学研究机构。它的主立面装饰着那个时期最繁复的花式。馆内展品主要是西班牙13—18世纪的雕刻品，其中包括格雷戈里奥·费尔南德斯（Gregorio Fernández）和阿隆索·贝鲁格特（Alonso Berruguete）制作的耶稣题材的彩色木质雕刻作品。此外，博物馆里也有阿隆索·德·布尔戈斯的墓穴祈祷室。周六下午和周日免费入场！⌂Cadenas de San Gregorio 1–3 ◷周二至周六10:00—14:00和16:00—19:30，周日10:00—14:00 @museoescultura.mcu.es

巴利亚多利德大教堂甚至没有计划的一半高：为什么？因为缺钱！

西班牙近现代艺术馆（Patio Herreriano – Museo de Arte Contemp oráneo Español）

值得一看的西班牙近现代艺术展，展出20世纪早期到现代的作品。Jorge Guillén 6 周二至周五11:00—14:00和17:00—20:00，周六11:00—20:00，周日11:00—15:00 www.museopatioherreriano.org

美食

La Goya

市区的一家传统餐厅。菜单丰富，按照季节变换，有卡斯蒂利亚特色的野味、蘑菇、蜗牛和小龙虾，也有鱼和砂锅烩蔬菜。Puente Colgante 79 周日晚上和周一不营业 ¥€€€ 9 83 34 00 23 www.restaurantelagoya.com

塔帕斯小吃

巴利亚多利德的经典小吃区在马约尔广场附近，被叫作“邮局区”（Zona Correos）或“科卡区”（Zona Coca）（科卡是附近一家老电影院的名字）。阿里巴斯街（Calle Arribas）也很受欢迎。

夜生活

在科卡区的夜生活很丰富多彩。天堂街（Calle Paraíso）、波尔图加莱特广场和圣米桂尔广场附近也是如此。梅卡杜德瓦区（Zona del Mercado de Val）也很热闹。

住宿

加里乌斯酒店（Gareus）

有特色的精品酒店，时尚又雅致，服务周到。41个房间。Colmenares 2 ¥€～€€ 9 83 21 43 33 www.hotelgareus.com

巴黎酒店（París Hotel）

几十年来由家庭经营，简单整洁，价格公道。所有房间都可以泡澡。靠近马约尔广场的中心位置。37个房间。Especería 2 ¥€ 9 83 37 06 25 www.hostalparis.com

问询中心

Acera de Recoletos，Pabellón de Cristal 9 83 21 93 10 www.info.valladolid.es

周边景点

帕伦西亚（Palencia）（折页 G4）

位于巴利亚多利德东北50千米的省会城市（人口8.2万），在高原的阳光下，拱廊遮蔽的马约尔广场和马约尔街有难得的阴凉。城市北边山丘上的耶稣雕像引人注目，这是由现代雕刻家维克多里奥·马乔（Victorio Macho）建造的。

在13世纪，随着大学的建立和哥特式大教堂的建造，帕伦西亚蓬勃发展。参观大教堂之旅包括参观地下墓穴和教堂博物馆（Plaza de la Inmaculada 周一至周五10:00—13:30和16:00—18:00，周六10:00—13:30/14:00和16:00—17:30，周日16:00/16:30—19:00/20:00）。集市

普兰尼洛葡萄生长在卡斯蒂利亚高原上的贝拉德尔杜罗葡萄产区

上的建筑建于19世纪末期。

旧卡斯蒂利亚酒店（Castilla Vieja）（69个房间 Avenida Casado del Alisal 26 ¥€ 9 79 74 90 44 @www.hotelcastillavieja.com）为您提供可靠的住宿服务。问询中心 Mayor 31 9 79 70 65 23 @www.palenciaturismo.es

西南25千米处是当地锦囊 安普迪亚（Ampudia），推荐您绕路去看一看，感受一下这里的历史文化底蕴。温蒂韦罗斯（Ontiveros）街和科瑞德拉（Corredera）街被典型的卡斯蒂利亚围廊环绕，修道院圣米桂尔教堂（12—16世纪）庄严地耸立着，建于13—15世纪的城堡（3月至10月导览：周二至周六12:00、13:00、17:00、18:00，周日12:00、13:00，11月至次年2月周五、周六12:00、13:00、17:00和18:00，周日12:00和13:00 @www.castillodeampudia.com）是这座城市里保存最完好的建筑。

佩尼亚菲耶尔（Peñafiel）（折页H4）

佩尼亚菲耶尔位于巴利亚多利德东边55千米处，正好在贝拉德尔杜罗葡萄种植区中间。擦亮您的眼睛：城堡位于山崖之上，足足有200米长。这是西班牙最宏伟的城堡之一，里面还有一个葡萄酒博物馆（Museo Provincial del Vino）（4月至9月周二至周日10:30—14:00和16:00—20:00，10月至次年3月10:30—14:00和16:00—18:00）。有一些葡萄酒窖对游客开放，如Bodegas Protos（@www.bodegasprotos.com）和Bodegas Pinna Fidelis（@www.pinnafidelis.com）酒窖。

托罗（Toro）（折页 F4）

向西走65千米就到了这个有1万人口的杜埃罗河边的小城，它的标志性建筑是建于12、13世纪的圣玛丽亚教堂（Santa María la Mayor）。复活节前一周的游行和高度深色葡萄酒使托罗举世闻名。

西班牙南部

西班牙南部充满醉人的生活乐趣，有阳光闪耀的海岸和摩尔人时期的历史文化遗产。人们驶过白色的村庄，能够看到辽阔的饲养斗牛的牧场和由数以万计的粗糙多节的橄榄树组成的树林。

安达卢西亚是欧洲最多元化的地区之一。这个自治区有8.76万平方千米，是荷兰面积的两倍还多。面积广阔带来的问题不容忽视，尽管这里交通道路网建设得很好，连接着重要的城市，但是去山区只有颠簸的小路可行。

阿尔梅里亚、格拉纳达和塞维利亚这些大城市的共同点是丑陋的、毫无生机的郊区。巨大的温室大棚形成的海洋毫无美感可言，尤其是在阿尔梅里亚的埃莱希多（El Ejido）附近。那里栽培着用于出口的快速生长的西红柿和黄瓜。但是请您别担心，这里也有足够华丽的历史古迹和浪漫的角落，尤其是在科尔多瓦和塞维利亚这两个无与伦比的城市！

阿尔梅里亚

（折页J11）摩尔人把阿尔梅里亚（Almería）这座地中海港口城市（人口19.3万）叫作“Al-Mariyya”，意思是“海的镜子”，直到收复失地运动末期，摩尔人都在对

上图：塞维利亚的西班牙广场

西班牙神话的发源地：安达卢西亚的山脉、城市和海岸总是令人陶醉。

抗天主教国王，占领着这座城市。

防御碉堡是摩尔人的遗产，在下城还有一座防御大教堂与之呼应。散步的小径穿过尼古拉萨尔梅龙公园（Parque de Nicolás Salmerón）直到宪法广场（Plaza de la Constitución），购物中心和步行区位于商店街（Calle de las Tiendas）和阿尔梅里亚路（Paseo de Almería）。城市东南边是沙滩群，扎皮罗棕榈沙滩（Playa del Zapillo-El Palmeral）邀您欣赏美丽的海岸全景。

景点

碉堡 ★ ✲

摩尔人的碉堡（10世纪）位于城市高处，沿着曲折的坡面向上可以到达马蹄形的正义之门（Puerta de la Justicia）。门后面开辟了一处宽阔的、部分得到修复的地带，拥有城墙、塔楼和花园。在这里曾经驻扎着将近2万名士兵，他们几乎看不到城市和港口的美景。基督教征服者于16世纪初在碉堡的上面修建了自己的城堡，

雄伟壮观的古老碉堡有1 000多年的历史，是阿尔梅里亚的一个标志

并命名为“致敬塔”（Torre del Homenaje）。🏠Calle Almanzor 🕒6月中旬至9月中旬周二至周六9:00—15:30和19:00—22:00，周日9:00—15:30；4月至6月中旬周二至周六 9:00—20:30，周日9:00—15:30；9月中旬至次年3月周二至周六9:00—18:30，周日9:00—15:30

大教堂（Catedral）

海盗对阿尔梅里亚一直是潜在的危险，因此人们从16世纪开始建造有围墙的教堂，并且给教堂设计了尽可能少的窗户。在宽阔的教堂内部则延续了防御性的功能风格。🏠Plaza de la Catedral 🕒周一至周五10:00—18:00，周六10:00—14:00

美食

当地锦囊 **La Encina**

在老城市政厅广场附近一座19世纪的房子里，有种类丰富的美食在等待着您：本地的小吃和套餐在小菜区（¥€），饭店区的菜品则更加精美细致（¥€€€）。🏠Marín 16 🕒周日晚上和周一不营业 📞9 50 27 34 29 @www.restaurantelaencina.net

塔帕斯小吃

阿尔梅里亚的小吃文化享有盛名。普加之家（Casa Puga）（Jovellanos 7 @www.barcasapuga.es）和第五托罗酒吧（Juan Leal 6）是古老的小吃区。在海滨大道上也有受欢迎的小吃区。

住宿

大教堂酒店

位于大教堂广场中心，外墙美观且居住舒适。有不同类型的房间和与之对应的差别较大的价格。有餐厅和酒吧。20个房间。Plaza de la Catedral 8 ¥€～€€ 9 50 27 81 78 @www.hotelcatedral.net

问询中心

Parque de Nicolás Salmerón, Martínez Campos 9 50 17 52 20 @www.turismodealmeria.org

周边景点

塔韦纳斯沙漠（Desierto de Tabernas）（折页 J–K 10–11）

城市北方大约20千米处是半沙漠景观，因为这里的岩层十分独特，石头遍布，尘土飞扬，所以常常作为西部片的拍摄场地。甚至好莱坞影星克林特·伊斯特伍德（Clint Eastwood）和毕兰·卡斯特（Burt Lancaster）也在这片土地上奔跑过。在塔韦纳斯（Tabernas）周边，您可以参观两个西部村庄，村庄里每隔一段时间就会有特技表演和西部秀：电影工作室布拉沃堡–得克萨斯州好莱坞（Cinema Studios Fort Bravo– Texas Hollywood）（@fortbravooficial.com）与欧阿瑟斯沙漠主题公园（Oasys–Parque Temáti-

必游景点

★赫雷斯德拉弗龙特拉
有名的酒窖吸引游客到雪莉酒的发源地来参观品尝。→P.147

★科尔多瓦清真寺
这座昔日的清真寺拥有宏伟的柱林和内置教堂。→P.150

★阿兰布拉宫
摩尔人统治者建造的这座“红色城堡”被称为陆地上的天堂。→P.152

★阿尔拜辛
狭窄的小巷子，重重叠叠的房屋，最高处有阿兰布拉宫：这里是格拉纳达历史上摩尔人的聚居区。→P.151

★加塔角–尼哈尔自然公园
火山和半荒漠地形，清澈见底的湖水和沙滩，公园里没有拥挤的人群。→P.146

★阿尔梅里亚的碉堡
位于城市高处，可以追溯到摩尔人时期的要塞防御区。→P.143

★龙达
城市中心有一条峡谷，两边的城区都很有氛围，引人驻足。→P.158

★塞维利亚
带有摩尔时期的塔楼的大教堂，老城到处都是梦幻般的广场和酒馆。→P.158

co del Desierto）（@www.oasysparquetematico.com）。在欧阿瑟斯沙漠主题公园里还有一个动物园、一个马场和一个很大的夏季湖泊。

从塔韦纳斯出发，路标上标着这条路通往阿尔梅里亚太阳能研究站（Plataforma Solar de Almería）（参观时间详见网站，下雨时只在周一至周五10:00—12:00开放 9 50 38 79 90 @www.psa.es）。这个巨大的科研机构位于沙漠中心，有一排排采集太阳能的抛光面反射器，看起来很有未来感。

加塔角–尼哈尔自然公园（Parque Natural Cabo de Gata-Níjar）★（折页 K11）

公园位于阿尔梅里亚东边，土地贫瘠、原生态是它的特色。在延伸入海的加塔海角周围有许多火山。这里典型的景观是岩层地貌、山村和半荒漠地形的内地。据记载，这里有超过140种鸟类。如果幸运的话，您可以在圣米桂尔·德·卡波加塔的盐田里看到红鹳。

在圣何塞海滩和港口住宿，可以选择帕奇卡夫人酒店（Hotel Doña Pakyta）（21个房间 Correo 51 ¥€€ 9 50 61 11 75 @www.playasycortijos.com），在这里您可以看到海湾的美丽全景。从圣何塞（San José）有一条路通向公园最美的海滩群：镰刀形的长长的德罗斯格诺威瑟斯沙滩（Playa de los Genoveses）、较小的更偏僻的蒙苏尔海滩（Playa del Mónsul）和新月湾（Cala Media Luna）。在隐蔽的巴龙那海滩（Playa Baronal），人们可以裸体沐浴和运动。这里的海水十分清澈，人们可以找到绝妙的乘凉地。

加的斯

（折页 E11）**大西洋沿岸城市（人口12.3万），被认为是欧洲西南最古老的城市，有超过3 000年的历史。根据神话记载，赫拉克勒斯建造了这座城市。但事实上，是腓尼基人建造了这座城市。16世纪之后，这座城市靠着和美洲的贸易获得了声望和财富。**

从内地到加的斯（Cádiz）旅行的人，会看到被湿地围绕的路程像手掌一样平坦。这座大城市的中心区在一个半岛上，绵延数千米。从古到今，海湾和大海给加的斯打上了深深的烙印，贸易港口和保留下来的防御工事证明了这一点。海鸥的叫声回荡在码头和从海角直通到老城区的林荫道上，还有彩色的房屋和明亮的灯光。半岛上最美丽的沙滩——卡莱塔沙滩（Playa de la Caleta）在圣卡塔利娜城堡和圣塞瓦斯蒂安城堡之间。在更南边的沙滩上，人们可以享受空间更加宽敞的日光浴。在狂欢节期间，整个加的斯摇身一变，成了“疯人院”。

推荐您参观宽敞的新教堂。在弗洛里斯广场后面逛逛集市也是不错的选择，那里有当地锦囊 许多鱼类可供挑选。好的歇脚地：大教堂的广场上有许多露天咖啡馆，市政厅广场上集中了不少小吃酒吧，您可以在这两个广场歇歇脚。

景点

圣卡塔利娜城堡（Castillo De Santa Catalina）

加的斯大型防御工事之一，在16世纪末遭遇海盗袭击后修建，以

防止海盗再次袭击。🏠Antonio Burgos 🕒11:00—19:30，夏季延长至20:30

新教堂（Catedral Nueva）

加的斯的新教堂修建于1722—1838年。大穹顶和出生于加的斯的作曲家曼努埃尔·德·法拉（1876—1946年）的墓穴祈祷室值得一看。🏠Plaza dela Catedral 🕒周一至周六10:00—19:00，周日13:30—19:00 @www.catedraldecadiz.com

塔维拉塔（Torre Tavira）

18世纪建于老城中心，高33米，这座塔楼为观看城市全景提供了无与伦比的视角。码头上的装卸起重机、教堂穹顶和大海会映入人们眼帘。🏠Marqués del Real Tesoro 10 🕒10:00—18:00，5月至9月延长至20:00 @www.torretavira.com

美食

San Antonio

想要品尝加的斯地区特色美食的人，来这儿就对了。这家饭店有炖肉和虾仁蛋饼。🏠Plaza de San Antonio 9 🕒每天 ¥€~€€ ☎9 56 21 22 39

住宿

巴塔哥尼亚南方酒店（Patagonia Sur）

这是一家拥有3种房型的三星级酒店，其优势是地处市中心和现代化的装潢。有免费的无线网络。16个房间。🏠Cobos 11 ¥€€ ☎8 56 17 46 47 @www.hotelpatagoniasur.es

问询中心

🏠Paseo de Canalejas ☎9 56 24 10 01 @turismo.cadiz.es

周边景点

阿尔科斯德拉弗龙特拉（Arcos de la Frontera）（折页 F11）

瓜达莱特河穿过了这座加的斯东北65千米处的白色梦幻小城。历史老区里的小巷子四通八达，岩石上的房屋互相交错。市政厅附近的眺望处可以远眺小城美景。小小的La Casa Grande旅馆（7个房间 🏠Maldonado 10 ¥€~€€ ☎9 56 70 39 30 @www.lacasagrande.net）很有品位，选址在18世纪的一座地主庄园住宅里，性价比也高。

赫雷斯德拉弗龙特拉（Jerez de la Frontera）★（折页 E11）

城市面积很大，有21.4万人口，是安达卢西亚马的培育地，马术运动是这里的传统项目，盛产雪莉酒和白兰地。参观当地的雪莉酒酒窖是个独特的体验，您可以随着导游，参观前厅和酒桶储藏处。即使在下雨天，也有导游带领游客游览地处中心的●González Byass/Tío Pepe酒窖【🏠Manuel María González 12 🕒分别在12:15、14:00、16:00（冬季）和17:15 @www.bodegastiopepe.com】。

从内城漫步到宏伟的大教堂，再走到王宫，参观这里留存的清真寺和内部的阿拉伯浴室，这段经历是不容错过的。其间，您可以在小酒馆里喝杯雪莉酒，也可以在安达卢西亚著名的马术表演学校，观赏一场专业级别的驯兽表演（Real Escuela Andaluza de Arte Ecuestre），欣赏“安达卢西亚马的舞步”（Avenida Duque de Abrantes 3月至12月周二和全年的周四，8月、9月增加周五12:00的场次，此外，全年还有大约15个周六有表演 www.realescuela.org）。您需要提前在网上订票。

四星级酒店Sercotel Asta Regia Jerez（31个房间 San Agustín 9 €–€€ 9 56 32 79 11 www.hotelastaregiajerez.com ）位于市中心，提供现代化的住宿条件。您可以在阿雷纳广场（Plaza del Arenal）和普拉特罗广场（Plaza Plateros）找到美味的小吃。当地锦囊 弗拉明戈艺术酒馆（Tablao Flamenco Puro Arte）（Conocedores 28 www.puroarteflamencojerez.com）为您献上精彩的弗拉明戈舞表演。问询中心 Plaza del Arenal，Edificio Los Arcos 9 56 34 17 11 www.turismojerez.com

桑卢卡尔–德巴拉梅达（Sanlúcar de Barrameda）（折页 E11）

位于宽阔的瓜达尔基维尔河的河口边，加的斯北部55千米的这座小城（人口5万）是雪莉酒产区。推荐您参加当地锦囊 延续数小时的游船旅行（Buque Real Fernando）（Centro de Visitantes Fábrica de Hielo，Avenida Bajo de Guía 时间不固定，旺季在10:00、16:00或者17:00 9 56 36 38 13 www.visitasdonana.com），乘坐曾经的蒸汽船，观察鸟类，到达多尼亚纳国家公园。

塔里法（Tarifa）（折页 F12）

古老的要塞和水手之城（人口1.5万），位于直布罗陀海峡最窄的地方，距离非洲大陆只有14千米。据记载，城堡始建于10世纪摩尔人时期。塔里法附近是风帆冲浪者、风筝冲浪者和站立桨手的胜地。考拉旅馆（Koala）（Castelar 11 €€~€€€ 9 56 68 22 55 www.koalatarifa.es）地处市中心，有5个装潢良好的公寓。

对文化爱好者的建议：绕路到NMAC艺术公园（Dehesa de Montenmedio，Carretera A 48 km 42，5 开放时间变化较大，详见网站 www.fundacionnmac.org），位于塔里法和贝赫尔德拉夫龙特拉（Vejer de la Frontera）。自然和现代艺术在这个公园里通过雕塑等非常成功地融合在一起。加的斯和塔里法之间的海岸吸引着游客继续绕路，前往科尼尔德拉弗龙特拉（Conil de la Frontera）、埃尔帕尔马（El Palmar）、萨阿拉德洛斯阿图内斯（Zahara de los Atunes）和洛斯卡尼奥斯德梅卡（Los Caños de Meca）的海滩。

科尔多瓦

（折页 G9）在这个面积宽广的瓜达尔基维尔河边的城市——科尔多瓦（Córdoba）（人口32.9万）保留着摩尔人的建筑遗址和举世闻名的清真寺，在清真寺的柱林内，信奉基督教的统治者修建了一座大教堂。

古老的“伊斯兰之光”在这座城

科尔多瓦的清真寺——一个宗教整体艺术的作品

市也同样得到了保留，这在10世纪是整个伊比利亚半岛上最先进的文化。这里是哈里发的政治文化中心，到处是学校、教堂和浴室。您可以步行探索内城，白色的房屋、狭窄的巷子都体现了高超的马赛克艺术。每年5月的城市庭院艺术节（Fiesta de los Patios），已经被列为联合国非物质文化遗产，在此期间，主人们会特别精心地用植物装饰庭院。瓜达尔基维尔河上有一座罗马桥，位于内城边缘，对面矗立着的卡拉奥拉塔（Torre de la Calahorra），这座塔曾是摩尔人防御带上的一部分。

景点

老城（Old Town）

瓜达尔基维尔河一侧热闹的托里霍斯街（Calle Torrijos）是老城的入口。附近有建于摩尔人要塞之上的基督教君主城堡（Alcázar de los Reyes Cristianos）（🏠Campo Santo de los Mártires 🕒变动很大，详见网站@www.turismodecordoba.org），一座曾经的皇家府邸，带有美丽的花园。科尔多瓦的特色小巷是“鲜花小巷（Calleja de las Flores）”，常常挤满游客。经过其他曲折交织的小巷子，您可以到达中世纪的犹太区。犹太街（Calle Judíos）的犹太教堂（Sinagoga）被重新翻修过，这里的石膏装饰很值得一看。

清真寺（Mezquita）★

清真寺凭借着它独特的拱门结构和柱林吸引了来自世界各地的游客。清真寺于8世纪开始建造，之后经历了几轮扩建。穆斯林在橙色中庭（Patio de los Naranjos）小净。这里的宣礼塔在基督徒统治时期被用作钟楼。清真寺内部是圣所，祈祷者的壁龛装饰特别豪华。清真寺中间修建的与之风格不统一的教堂保留了文艺复兴时期的风格。🏠Torrijos 🕒周一至周六10:00—18:00/19:00，周日开放时间与礼拜时间8:30—11:30和15:00—18:00/19:00 @www.catedraldecordoba.es

胡利欧罗梅洛塔博物馆（Museo Julio Romero de Torres）

在这座博物馆里可以欣赏科尔多瓦大画家胡利欧罗梅洛塔（1874—1930年）的作品，他画了许多吉卜赛人肖像画和系列画作。🏠Plaza del Potro 🕒6月中旬至9月中旬周二至周五8:30—15:00，周六8:30—14:30，周日8:30—14:30；9月中旬至次年6月中旬周二至周五8:30—19:30，周六9:30—16:30，周日9:30—14:30 @www.museojulioromero.cordoba.es

美食

坎波斯酒窖（Bodegas Campos）

老城里的酒吧，也是饭馆，当地人特别喜欢这里。酒馆区的装潢很复古，小吃很有创新性。🏠Los Lineros 32 🕒每天 ¥€～€€ 📞9 57 49 75 00 @www.bodegascampos.com

塔帕斯小吃

您可以在以下地点找到美味的塔帕斯小吃：Taberna El Abanico（🏠Velázquez Bosco 7），Café-Taberna Luque（🏠Blanco Belmonte 4）和La Caña d’España（🏠Claudio Marcelo 2）。

住宿

Casa de los Azulejos

从建筑学角度来看这个旅馆很有意义，它保留了17世纪的元素。装潢很有品位。9个房间。🏠Fernando Colón 5 ¥€€ 📞9 57 47 00 00 @www.casadelosazulejos.com

问询中心

🏠Plaza del Triunfo 📞9 57 35 51 79 @www.turismodecordoba.org

周边景点

阿萨哈拉宫（Medina Azahara）（折页 G9）

阿萨哈拉宫（也写作：Madinatal Zahra）是哈里发的宫殿区，于936年建成，处于莫雷纳山脉的庇护下。大批艺术家和手工业者加入到宫殿的建设中，他们只使用最昂贵的材料。

在内华达山脉前面，阿兰布拉宫俯瞰着格拉纳达

曾经被严重损坏的区域如今已经得到了重修。🕒9月中旬至次年3月周二至周六9:00—18:30（4月至6月中旬直到20:30），周日9:00—15:30；6月中旬至9月中旬周二至周日9:00—15:30 @www.medinaazahara.org

格拉纳达

这个西班牙顶尖的旅游目的地（人口24万）的吸引力应该感谢曾经的异教敌人：摩尔人。他们修建的“红堡”（阿拉伯语写作al-hambra）成了世界奇迹。

格拉纳达（Granada）是收复失地运动于1492年收复的伊比利亚半岛的最后一个城市。阿尔拜辛城区（Albaicín）保留了阿拉伯城市的特点。建议想要多参观的游客购买一张格拉纳达卡。

景点

阿尔拜辛（Albaicín）★

这是西班牙最美的城区之一，人们只能步行游览。狭窄的小巷沿着斜坡向上，途中会路过阿拉伯茶室和纪念品店。定位非常容易！所有的辛苦都是值得的，坡上面的圣尼古拉斯广场和眺望点让您能饱览美景：在内华达山的背景下，阿兰布拉宫显得尤为雄伟壮丽。

阿兰布拉宫（Alhambra）★

《一千零一夜》童话中的宫殿于13、14世纪变成了现实，它位于城市高处，是纳斯里等王国的宫殿区。阿兰布拉宫的标志性景观有桃金娘中庭（Patio de los Arrayanes）和狮子中庭（Patio de los Leones），还有优美的画廊和想象力丰富的装饰。城堡前的炮楼有防御功能，在赫内拉利费宫（Generalife）大花园里，水池、喷泉和绿地构成了主要风景。风格独特的16世纪的卡洛斯五世宫殿（der Palacio de Carlos V）位于阿兰布拉宫广场上。

每天参观阿兰布拉宫的游客人数是受限的。推荐您提前预订门票，相应的信息您可以在阿兰布拉宫官方网站（@www.alhambra-patronato.es）上找到。参观时间有严格的规定。在预约参观时，您要选择是在白天参观还是在晚上参观。因为哪怕比预约时间迟到1分钟也不允许进入参观！在预订时，您可以选择参观花园、赫内拉利费宫和炮楼的联票。🕒3月中旬至10月中旬8:30—20:00，晚间参观周二至周六22:00—23:30；10月中旬至次年3月中旬8:30—18:00，晚上参观周五、周六20:00—21:30

省钱有道

在格拉纳达（在阿尔梅里亚大多数时候也一样）的酒馆，遵照传统，葡萄酒或者啤酒柜台会提供免费的●小吃。在一家家酒吧转悠，品尝免费又美味的小吃，可以省下午饭和晚饭的花费。

在免费入场的马拉加当代艺术中心（Centro de Arte Contemporánea）（🏠Alemania 🕒9月7日至次年6月20日周二至周日10:00—20:00，6月21日至9月6日10:00—14:00和17:00—21:00 @cacmalaga.eu），会有一部分有名的艺术家的作品在举办流动展览时展出。

您可以在格拉纳达高处的19世纪的历史公园群（Carmen de los Mártires）免费游玩散步。这里的公园风格迥异，其中有一座法国公园、一座英国公园和一座带有湖泊的浪漫主义公园。🏠Paseo de los Mártires 🕒4月至10月中旬周一至周五10:00—14:00和18:00—20:00，周六、周日10:00—20:00；10月中旬至次年3月周一至周五10:00—14:00和16:00—18:00，周六、周日10:00—18:00

加西亚洛尔卡博物馆（Casa Museo de Federico García Lorca）

圣文森特别墅（Huerta de San Vicente）是一幢家族夏宫，著名的格拉纳达诗人和戏剧家加西亚·洛尔卡（1898—1936年）曾经居住在这里。游客被分成一个个小组参观房间。在庄园周围是加西亚·洛尔卡公园（Parque García Lorca）。周三入场免费。🏠Virgen Blanca 🕒4月至6月中旬和9月2日至9月15日周二至周日9:15—14:15和17:00—20:00，6月中旬至9月中旬9:15—14:15，10月至次年3月9:15—14:15和16:00—19:00 @www.huertadesanvicente.com

当地锦囊 **曼努埃尔·德·法雅博物馆（Casa Museo Manuel de Falla）**

曼努埃尔·德·法雅（1876—1946年），西班牙最著名的作曲家之一，长年居住在这座城市高处典型格拉纳达风格的别墅里。这里常常有艺术家们的沙龙，这里的房间被保留下来，用以纪念法雅。Antequeruela Alta 11 9月至次年6月周二至周日9:00—14:30，周二至周五除这个时间段外，15:30—19:00也开放；7、8月周三至周日9:00—14:00 www.museomanueldefalla.com

大教堂、皇家礼拜堂、生丝市场（Catedral，Capilla Real，Alcaicería）

大教堂的长度超过了100米，建于16世纪，大门没有完全建成。皇家礼拜堂（单独的入口和门票）和这座建筑相连，里面有阿拉贡国王斐迪南二世与卡斯蒂利亚女王伊莎贝拉一世夫妇的坟墓。邻近的生丝市场有许多商业街，这里充斥着一种东方的氛围，纪念品种类非常多！Gran Vía de Colón，Calle Oficios 大教堂：周一至周六10:45—13:30和16:00—19:00（4月至10月延长至20:00），周日16:00—19:00（4月至10月延长至20:00）。皇家礼拜堂：周一至周六10:15—13:30和15:30—18:30 （4月至10月16:00—19:30），周日11:00—13:30和15:30—18:30（4月至10月16:00—19:30） www.capillarealgranada.com

圣赫罗尼莫修道院（Monasterio de San Jerónimo）

16世纪的圣哲罗姆派修道院，带有两层高的十字形回廊和高祭台，祭台的绚丽色彩和华丽世所罕见。现在圣哲罗姆派修女住在这里，她们当地锦囊 烘焙的食品和制作的果酱在商店里出售。Compás de San Jerónimo 10:00—13:30（周六、周日延长至14:30）和16:00—19:30（10月中旬至次年3月中旬15:00—18:30）

圣山（Sacromonte）

传统的吉卜赛人聚居地，有许多可供居住的洞穴、交错的小路和17世纪位于高处的修道院。当地锦囊 圣山洞穴博物馆（Museo Cuevas del Sacromonte）（Barranco de los Negros 10:00—18:00，3月中旬至10月中旬延长至20:00 www.sacromontegranada.com）在这一个个洞穴里向游客形象生动地展示了传统的洞穴生活。在夏季这里会有露天电影和音乐会。

美食

Mirador de Morayma

阿尔拜辛区高处绝佳的位置，从屋顶平台上可以望见阿兰布拉宫。建议您提前预订地方特色菜。Pianista García Carrillo 2 周日晚上不营业 €€€ 9 58 22 82 90 miradordemorayma.com

当地锦囊 **Las Titas**

既是舒适的饭馆，也是咖啡馆，有屋顶露台，位于赫尼尔河边苍翠的公园里，距离城市主路相对较远。Paseo de la Bomba 每天 € 9 58 12 00 19

购物

时装店和鞋店集中在老城步行区

美索内斯街（Calle Mesones）和萨卡丁街（Calle Zacatín）附近。您可以在雷格赫拉达斯街（Calle Recogidas）靠近皇家门广场（Plaza Puerta Real）的那段位置找到便宜的时装店。

夜生活

新广场和附近的巷子里有许多受欢迎的酒吧和咖啡店，阿尔拜辛下城香气诱人的茶室也是不错的选择。您可以在圣山上的酒馆里感受●真正的弗拉明戈表演，在这里舞者和观众的距离是非常近的。一般周五、周六晚上在Sala Vimaambi（Cuesta de San Gregorio 30 9 58 22 73 34 @www.vimaambi.com）有当地锦囊弗拉明戈小剧场表演。

住宿

Gar-Anat

漂亮的、有设计感的小旅馆，位于犹太区的一座17世纪的宫殿里。在庭院里有一棵“愿望之树”。早餐很美味，服务很用心。15个房间。Placeta de los Peregrinos 1 ¥€€ 9 58 22 55 28 @hotelgaranat.com

问询中心

Santa Ana 2 9 58 57 52 02 @www.granadatur.com

周边景点

瓜迪克斯（Guadix）（折页 J10）

因为这里的洞穴，这个格拉纳达北边60千米的小城值得一看。2万居民中有很少一部分人还像以前一样住在地下。在Padre Póveda广场附近有一个眺望点，从这里远望，可以看到城堡、教堂塔楼和以少见的岩壁为背景的最佳全景图。您散步时脚踩的正是洞穴居所的房顶，富有艺术气息的烟囱通向地面，显示了洞穴居所的所在。这里也有洞穴旅店！

哈恩（Jaén）（折页 H10）

这里是原始的没有被旅游业改造过的省会城市（人口11.7万），位于格拉纳达北方100千米处。这里有宏伟的中世纪城堡，在城堡平台上眺望远处，可以看见郊区的一大片棕榈林。在市中心，最引人注目的是双层的大教堂。

阿尔普哈拉（Alpujarra）（折页 H–J11）

在内华达山脉和地中海之间的山地，位于格拉纳达东南。潘潘埃拉（Pampaneira）、卡皮莱拉（Capileira）和火腿生产地特雷韦莱斯是最值得一看的。

内华达山脉（Sierra Nevada）（折页 H–J11）

格拉纳达东南部内达华山脉的最高山是穆拉森山（Mulhacén），海拔3 481米，是西班牙的最高峰。在冬季，这里的几十个山头为滑雪爱好者提供了不同难度的滑雪道。这里有许多旅店和饭馆，还有滑雪学校和租借装备的地方。@sierranevada.es

马拉加

（折页 G11）**充满活力的港口城市，也是省会城市（人口57万）。马拉加（Málaga）有国际化的机场和难看的高楼区，但是您不应该因此而感到失望。**

吉布拉法罗山（Gibralfaro）山脚下是一座有活力的老城，步行区的商店吸引游人在此消费。作为20世纪伟大画家毕加索的出生地和毕加索博物馆的所在地，马拉加自然成了西班牙一流的艺术圣地。这里有足足30家博物馆，主题包括音乐、民俗艺术和老爷车等。马尼拉也因此成了名副其实的博物馆城。

景点

城堡（Alcazaba）

中世纪摩尔人的城堡宫殿，一部分地方翻修强度过大。但是单单这里的远眺景色，就值得参观。在入口处是罗马剧院的遗址。Alcazabilla 9:00—18:00，夏季延长至20:00

格子几何艺术，尝试用彩色与活泼代替粗笨与严肃：马拉加蓬皮杜中心

希布拉尔发罗城堡（Castillo de Gibralfaro）

城堡往上走，有一座建于14世纪的摩尔人堡垒。这个堡垒早期被用作防御工事。远景很美。Monte de Gibralfaro 9:00—18:00，夏季延长至20:00

大教堂（Cathedral）

16—18世纪修建的宏伟建筑，但是并没有完全建成。尽管如此，它仍是安达卢西亚最大的教堂之一。Molina Lario 周一至周五10:00—18:00，周六10:00—17:00 www.diocesismalaga.es

马拉加蓬皮杜中心（Centre Pompidou Málaga）

巴黎蓬皮杜中心在西班牙的分支，单单是彩色玻璃格子的外形就十分吸引人。馆里收藏着马克·夏加尔（Marc Chagall）、弗朗西斯·培根（Francis Bacon）、雷内·马格利特（René Magritte）和弗里达·卡罗（Frida Kahlo）的画作珍品，也有流动展览。Muelle Uno/Pasaje DoctorCarrillo Casaux 周三至次周一9:30—20:00 centrepompidou-malaga.eu

汽车博物馆（Museo Automovilístico）

老爷车爱好者会完全沉迷其中，这座博物馆位于曾经的烟草厂区。Avenida Sor Teresa Prat 15 周二至周六10:00—19:00 www.museoautomovilmalaga.com

卡门·蒂森博物馆（Museo Carmen Thyssen）

女收藏家卡门·蒂森·博尔奈米绍（Carmen Thyssen Bornemisza）发现了许多有价值的画作，其中包括弗朗西斯科·德·苏巴朗（Francisco de Zurbarán）的《圣母玛利亚》。19、20世纪不同画家的作品被按照主题分类展示。Compañía 10 周二至周日10:00—20:00 www.carmenthyssenmalaga.org

毕加索博物馆（Museo Picasso）

博物馆里收藏有毕加索不同风格和使用不同技巧的大量作品。除此之外，这里的流动展览也很有趣。累了，您可以在博物馆的咖啡厅歇歇脚。San Agustín 10:00—18:00，3月至6月和9、10月延长至19:00，7月、8月直到20:00 www.museopicassomalaga.org

美食

Mesón de Cervantes

喜欢有创造性小吃的人可以选择这家当地饭馆。Álamos 11 中午和周二不营业 € 9 52 21 62 74 elmesondecervantes.com

塔帕斯小吃

小吃区集中在老城的梅塞尔广场（Plaza de la Merced）、齐尼塔斯街（Pasaje de Chinitas）、马科斯·德·拉里奥街（Calle Marqués de Larios）和宪法广场（Plaza de la Constitución）。

龙达的新桥在高空98米处跨过瓜达莱温河峡谷

夜生活

酒馆和迪厅位于埃尔帕洛区和佩德拉勒贡（Pedregalejo）区，夜生活的中心在埃切加赖街（Calle Echegaray）和圣露西亚街（Calle Santa Lucía）。

住宿

NH Málaga

连锁酒店品牌NH旗下的旅店，主打舒适的住宿环境和优越的地理位置。133个房间。🏠San Jacinto 2 ¥€€📞9 52 07 13 23 @www.nh-hoteles.es

问询中心

🏠Avenida Cervantes 1 📞9 51 92 72 05 @www.malagaturismo.com

周边景点

马贝拉（Marbella）（折页 G11）

马拉加西南55千米的马贝拉（人口13万）有私人游艇港口——巴努斯港（Puerto Banús），港口的西边是富豪们的休闲聚会场所。当然也有接地气的本土区。在浪漫的老城里，遍植橘子树，如画一般的橘子树广场（Plaza de los Naranjos）值得参观。沙滩和海景也很美。

内尔哈（Nerja）（折页 H11）

马拉加东边50千米的内尔哈（人口2万）凭借它的小海滩和海上眺望点"欧洲阳台"（Balcón de Europa）吸引着众多游客。稍远一点有钟乳石洞——内尔哈洞（Cueva de Nerja）（9:00—16:00，夏季延长至18:30 @www.cuevadenerja.es）。

龙达（Ronda）★（折页 F11）

安达卢西亚最有魅力也最有名的小城（人口3.7万）之一。狭窄的瓜达莱温河（Río Guadalevín）河谷把内城分成了两部分。在旅馆旁边，新桥（Puente Nuevo）跨过裂开的峡谷。公园里的塔霍林荫散步小道（Alameda del Tajo）位于山上，是极佳的远眺点。斗牛场作为最有名的地标性建筑，非常引人注目，斗牛场于1785年开放，高两层。峡谷上带公园的摩尔王之家（Casa del Rey Moro）和穿过岩石向下到河边的陡峭的秘密楼梯很值得一看。

咖啡厅和饭馆在西班牙广场和相邻的何塞·阿帕里西奥街（Calle José Aparicio）附近。小小的当地锦囊巴拉卡精品公寓（Baraka Boutique Pensión）（3个房间 Ruedo Doña Elvira 16 €~€€ 9 52 87 28 43 @www.barakaronda.com）堪称住宿的精品。

问询中心 Paseo Blas Infante 9 52 18 71 19 @www.turismoderonda.es

塞维利亚

★安达卢西亚热情的省会城市

（人口69.4万）不会让远道而来的游客失望。塞维利亚（Sevilla）人抑制不住的生活热情会感染您，请您沿着瓜达尔基维尔河河岸散步，在风景如画的圣十字区的广场上感受温馨的氛围，闻一闻橘子树的芳香。

在复活节前一周和四月节（Feria de Abril）时，这里会举办举世闻名的大型游行活动。塞维利亚斗牛广场（Plaza de Toros La Maestranza）是斗牛爱好者的圣地，明星斗牛士在这里上台表演。恩卡纳西翁广场（Plaza de la Encarnación）上未来主义的遮阳伞（@setasdesevilla.com）造型奇特，引人注目。它是德国建筑师于尔根·迈尔（Jürgen Mayer H.）的作品。

景点

大教堂（Cathedral）

这座教堂宏伟壮丽，于15、16世纪建于大清真寺的旧址上。橙色中庭也融入到这个庞大的基督教建筑中。伊斯兰式的宣礼塔被改成了钟楼，并且加盖了一层楼。您可以沿着内部楼梯登上将近100米高的希拉达塔（La Giralda）。在唱诗班和主祈祷室附近是哥伦布的坟墓。Alemanes 周一11:00—15:30（16:30—18:00对提前预约的游客开放），周二至周六11:00—17:00，周日14:30—18:00 @www.catedraldesevilla.es

美术馆（Museo de Bellas Artes）

美术馆里收藏有卢卡斯·克拉纳赫（Lucas Cranach）和埃尔·格雷考的作品。Plaza del Museo 9 6月中旬至9月中旬周二至周日9:00—

15:30，9月中旬至次年6月中旬周二至周六9:00—20:30，周日 9:00—15:30。

玛丽亚·路易莎公园（Parque de María Luisa）

塞维利亚的“绿肺”，是慢跑和散步爱好者的乐园。拱廊围绕、铺着精致瓷砖的西班牙广场和公园相连。

皇家城堡（Real Alcázar）

城堡建于14世纪，是一座有恢宏立柱的穆迪哈尔式皇宫，花园面积很大。夏季音乐会（Noches en los Jardines）富有情调。Patio de Banderas 9:30—17:00，4月至9月延长至19:00 www.alcazarsevilla.org

黄金塔（Torre del Oro）

据记载，瓜达尔基维尔河边的黄金塔建于13世纪。过去，为了控制进入港口的船只，从这里到河对岸拉了一条锁链。塔的附近是游船旅行的起点。周一至周五9:30—18:45，周六、周日10:30—18:45 www.crucerostorredeloro.com

美食

Catalina Casa de Comidas

拥有种类丰富、富有创意的小吃和菜品，成功地将传统和创新融合在了一起。Plaza Padre Jerónimo de Córdoba 12 7月、8月的周日，9月至次年6月的周一不营业 €€ 9 54 56 36 87 www.catalinacasadecomidas.com

Egaña Oriza

这个城市里最古老的饭馆之一。您可以在灯光闪耀的主厅品尝安达卢西亚的美味。San Fernando 41 周日晚上不营业 €€€ 9 54 22 72 54 www.restauranteoriza.com

夜生活

浪漫的圣十字区里充满活力的广场上和小巷子里的小吃酒吧无疑是气氛最好的。在河西的特里亚纳区（Triana）和玛卡雷娜区（Macarena）外国人较少。雄鸡酒馆（Tablao Los Gallos）的小舞台（Plaza de Santa Cruz 11 9 54 21 69 81 www.tablaolosgallos.com）上会表演弗拉明戈秀。

住宿

塞维利亚国王酒店（Alcoba Del Rey de Sevilla）

这家精品酒店风格优雅，位于市区。房间阳台上有浴池。15个房间。Bécquer 9 €€ 9 54 91 58 00 www.alcobadelrey.com

唐帕克酒店（Don Paco）

三星级酒店，非常安静，有餐厅，屋顶上有小游泳池。200个房间。Plaza Jerónimo de Córdoba 4 €~€€ 9 54 50 69 99 www.hoteldonpaco.com

问询中心

Plaza del Triunfo 1 9 54 21 00 05 www.visitasevilla.es

独特体验之旅

1 西班牙最美之旅

起点：❶ 圣塞瓦斯蒂安
终点：㉘ 巴塞罗那

27天
行驶时间
55～70小时

路程：
约3 800千米

费　　用： 两人5 000欧元起：含汽油、路费、住宿、餐饮、门票。

注意事项： 请您提前了解沿途城市住宿酒店自带的停车场和附近的车位情况。

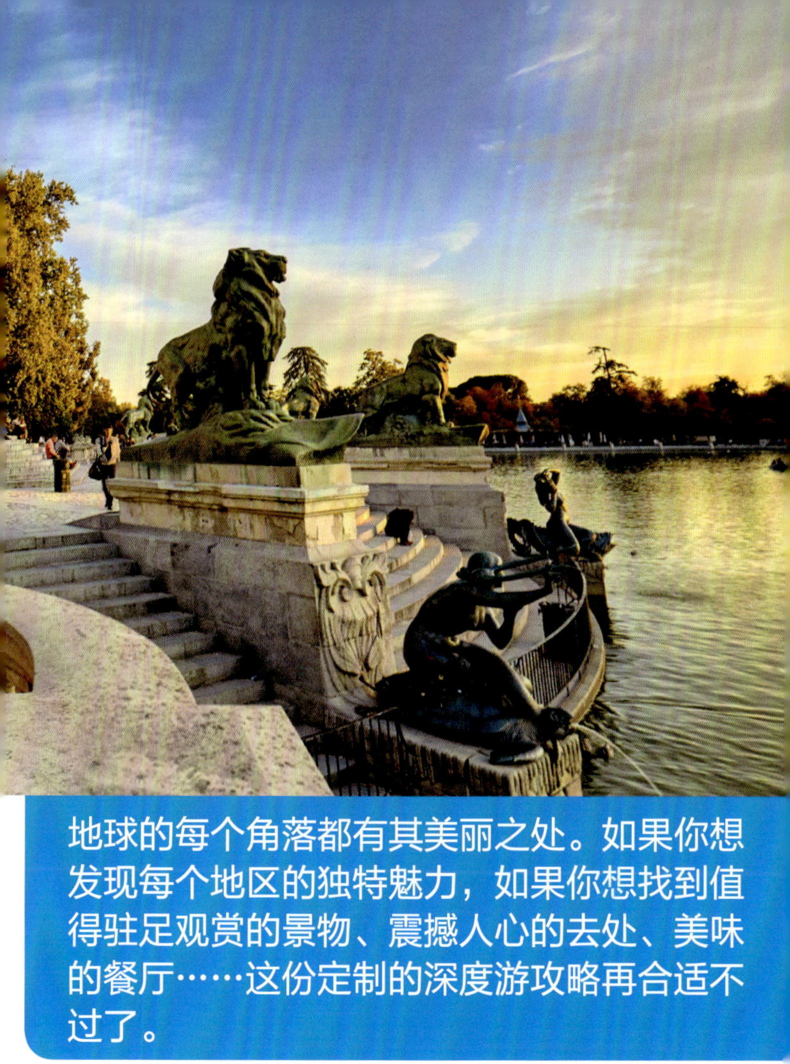

地球的每个角落都有其美丽之处。如果你想发现每个地区的独特魅力，如果你想找到值得驻足观赏的景物、震撼人心的去处、美味的餐厅……这份定制的深度游攻略再合适不过了。

发现西班牙的各个侧面：海岸城市和大教堂，世界著名的博物馆，景色优美的海滩，自然风光，市场，传奇的圣雅各之路，游船旅行，传统文化——这段旅程是经典和惊喜的完美结合。

①圣塞瓦斯蒂安→P.56邻近西班牙与法国边境，常常作为自驾探索西班牙北部的旅行者的出发地。没有什么比这个老巴斯克海滨浴场更让人觉得舒适享受的了。

上图：马德里的丽池公园

西班牙

25千米

② 萨劳特斯

4千米

③ 赫塔里亚

82千米

④ 毕尔巴鄂

第3—8天

171千米

⑤ 洛格罗尼奥

在贝壳海滩潜水；从捕鱼港出发，乘船游览观光，直到圣克拉拉岛→P.181。夜晚时分，在历史悠久的城区来一次探寻丰盛小吃之旅。第2天的第1个停靠站是冲浪沙滩②萨劳特斯→P.58，然后沿着美丽的海岸街道走到海港小镇③赫塔里亚→P.58。您可以在那里登上高高的海边岩石教堂，享受大西洋美景！您还可以驾车沿着高速公路前往毕尔巴鄂，然后前往令人惊叹的绿色的巴斯干腹地。在④毕尔巴鄂→P.41，旅行的高潮当然是以现代艺术闻名的古根海姆博物馆，老城区也相当值得一看。在市政厅旁边是河上游船旅行的起点。

在上午时分，闲逛穿过市场，驾车到悬索桥，这是在波尔图加莱特郊区独一无二的悬空吊桥，您可以在装有栅栏的行人木板小桥上走过毕尔巴鄂的内维翁河。穿过内地就到了葡萄种植区拉里奥哈和它的省会城市⑤洛格罗尼奥→P.69。您可以在波塔莱斯街购物，晚上去漂亮的劳瑞尔街，领略梦幻般的酒吧和塔帕斯小吃吧。

洛格罗尼奥是圣雅各之路上的一站，您将会在接下来的几天向西踏上这条文化之路。旅途中不要错过：在❻圣多明各德拉卡尔萨达→P.71有鸡窝的大教堂，❼布尔戈斯→P.65和❽莱昂→P.67的老城和宏伟的哥特式大教堂。在这两座城市，您可以沿着河流散步。这条朝圣之路需要您步行一小段路。在❾阿斯托加→P.62安东尼·高迪修建的老主教宫殿会令您惊叹不已。之后，您会到达神秘的❿铁十字架→P.64和⓫蓬费拉达→P.74的圣殿骑士城堡。穿过加利西亚绿色的山地，您最终会到达朝圣者之城⓬圣地亚哥-德孔波斯特拉→P.75，您将在这里住宿3个晚上。

请您在圣地亚哥停留一整天，这里的老城是花岗岩谱成的一首诗。市场上热闹喧哗，运气够好的话，您会赶上大教堂里正在吊起大香炉。在林荫道公园（Parque da Alameda）深夜的灯光下散步，可以感受到在灯光照射下的大教堂的美丽。第2天来一场小小的郊游，去往“世界的尽头”：大西洋上的⓭菲斯特拉海角→P.41。最美又清凉的海滩是当地锦囊 兰格斯特拉海滩。第11天经过奥伦塞进入内陆，往卡斯蒂利亚开。⓮萨拉曼卡→P.128这座大学城等待着您的到来，这里有漂亮的马约尔广场和青春洋溢的大学氛围。在河边散步，穿过古老的罗马桥，这是一段很浪漫的行程。

在您启程前往西班牙首都之前，还有两个世界文化遗产等着您：首先是⓯阿维拉→P.113和它宏伟的城墙，您可以登上城墙仔细参观，然后是⓰塞哥维亚→P.132和它的城堡、教堂和高架渠。您可以在咖啡甜品店Limón y Menta（Isabel la Católica 2）稍作休息。仅仅是⓱马德里→P.121的博物馆就值得您花两天时间去欣赏。请您为参观普拉多博物馆、索菲亚王后国家艺术中心博物馆和提森·博内米撒博物馆分配好时间和精力。之后您可以在丽池公园里放松身心，享受自然。傍晚时，您可以换上跑鞋在河边公园里沿着曼萨纳雷斯河跑一段。深夜您可以加入圣安娜广场上躁动的人流，享受西班牙的小吃和酒吧文化。

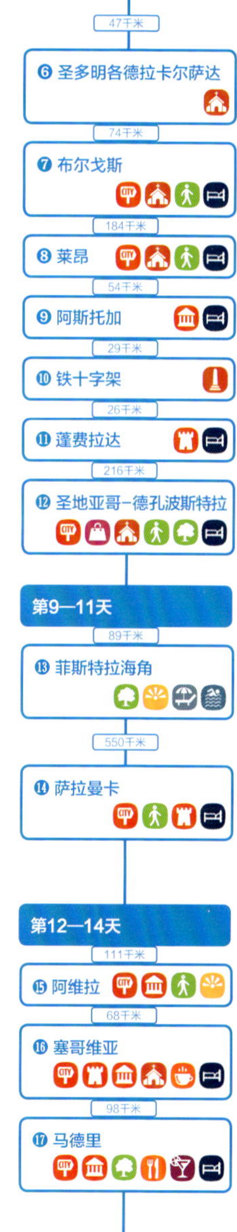

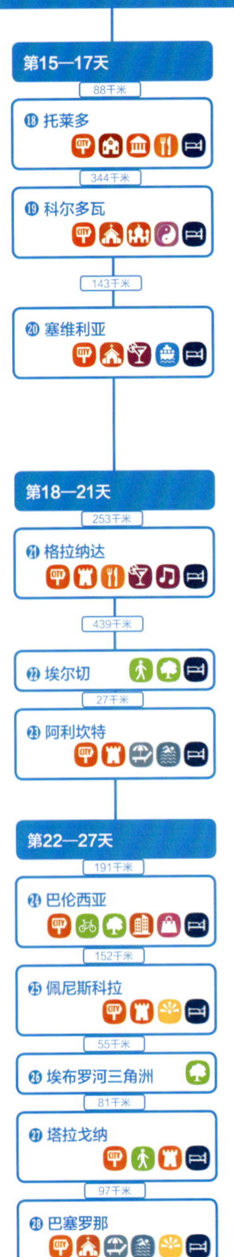

⑱托莱多→P.136的老城如梦一般。您可以参观曾经的犹太教堂——白圣母犹太教堂（有柱林）和圣母升天犹太教堂（有犹太博物馆），在埃尔·格雷考博物馆里找寻他的足迹。千万不要忘记在满满当当的文化参观游览间隙品尝当地的杏仁膏！接下来的一天请您去往⑲科尔多瓦→P.148，随之进入烙有摩尔人印记的安达卢西亚。没有什么比清真寺更能体现基督教和伊斯兰教的文化融合了：在曾经的大清真寺和它壮观的柱林里藏着一座基督教教堂。晚上您可以到一家阿拉伯浴室感受一下摩尔人的洗浴文化。向您推荐Baños Árabes（Almanzor 18 9 57 29 58 55 bañosarabesdecordoba.com）。⑳塞维利亚→P.158是安达卢西亚充满生活乐趣和热情的省会城市，这里有雄伟的教堂，浪漫的街道和以酒馆众多而闻名的圣十字区。瓜达尔基维尔河上的游船旅行（cruccrosensevilla.com）是欣赏城市美丽全景的好机会，凉风习习，像是对您的欢迎。

摩尔人时期华丽的阿兰布拉宫和古老的阿尔拜辛区使㉑格拉纳达→P.151成为伊比利亚半岛上最美的城市之一，因此，您至少需要在这里停留两晚。请您在老城里的一家家小吃酒吧里品尝小吃，晚上再去看一场弗拉明戈秀！您沿着内华达山脉北坡走到阿尔梅里亚，就到了地中海海岸。不要急着去探索地中海，先尽情在㉒埃尔切→P.90的Huerto del Cura的棕榈林里散步吧。㉓阿利坎特→P.86的港口和城堡别具魅力，圣琼海滩一定会吸引您扑入海水中！

白色海岸度假区往北是㉔巴伦西亚→P.107。漫步穿过（最好借一辆自行车）图里亚河河床上苍翠的公园，您就来到了现代化的科学艺术城。您不该错过热闹的老城内巨大的市场。在度假小镇㉕佩尼斯科拉→P.103您可以欣赏美丽的港口，爬上小山，眺望大海！继续往东北行进，您可以在㉖埃布罗河三角洲→P.105观察各种鸟类，之后㉗塔拉戈纳→P.105会带领您领略古罗马文化，在城墙上散步会是一段难忘的经历。此次旅程的终点是㉘巴塞罗那→P.91，在这个位于加泰罗尼亚的地中海大都市，您会度过西班牙之旅的最后3个晚上。建筑师安东尼·高迪留下了他最著名的杰作——圣家堂，兰布拉大街富有传奇色彩，巴塞罗那的城市沙滩邀您前去散步和晒日光浴。当您在古埃尔公园里和蒂比达博山上时，市区就在您脚下。

2 山脉和葡萄酒：从比利牛斯山到里奥哈

起点： ❶ 苏加拉穆尔迪
终点： ❾ 拉瓜迪亚

5天
行驶时间
6小时

路程：
290千米

费　　用： 两人共约800欧元起：含汽油、餐饮、门票和住宿。

注意事项： 参观游览❻阿罗和❾拉瓜迪亚的酒窖需要提前预约。

满目苍翠的连绵山脉，和谐欢乐的村庄，历史悠久的城镇，酒窖和购物街，还有葡萄酒和当地美食。从风景优美的比利牛斯山、内华达山出发，经过巴斯克地区到达西班牙最著名的葡萄酒产区。

第1天
❶ 苏加拉穆尔迪

在离西班牙和法国边境几千米，丹查里尼尔（Dancharinea）附近，充满传奇色彩的“魔法之地”——❶苏加拉穆尔迪（Zugarramurdi）位于绿色的山谷中。1610年，一个调查者追踪调查一个可疑的女人，因为她被认为是个女巫。调查结果宣判她为“女巫”。于是众多“女巫”被定罪，最终被火烧死。在当地锦囊苏加拉穆尔迪洞穴（7月中旬至9月中旬10:30—20:00，除此之外，每周二至周日11:00—17:30/18:00/19:00开放 www.turismozugarramurdi.com），这个村庄边缘的喀斯特地貌区，“女巫”曾经在这里聚集。在这个长120米、高约10米的洞穴尽头，有柔和的光流泻进来。要是您觉得对黑暗世界的探索还不够的话，推荐您去附近的小钟乳石洞——乌尔达苏维洞穴（Cueva de Urdazubi-Urdax）（7、8月10:30—18:00，9月至次年6月按照季节每周二至周六11:15—13:15/17:15/18:00开放 cuevasurdax.com）游览。您可以住在朴素的乡下小屋里，如：当地锦囊Casa Haitzetxea【5个房间 🏠 马德里亚区（Barrio Madaria）¥€ ☎ 9 48 39 34 36 @ www.Haitzetxea.es】，这个民宿距苏加拉穆尔迪洞穴约2 000米。

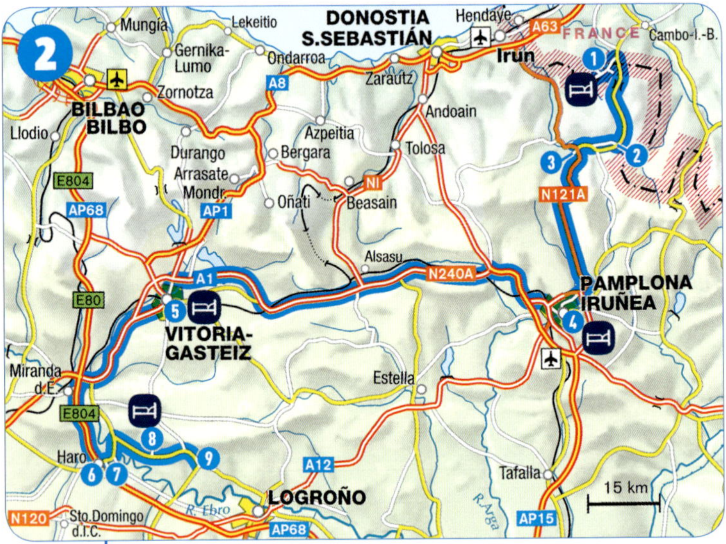

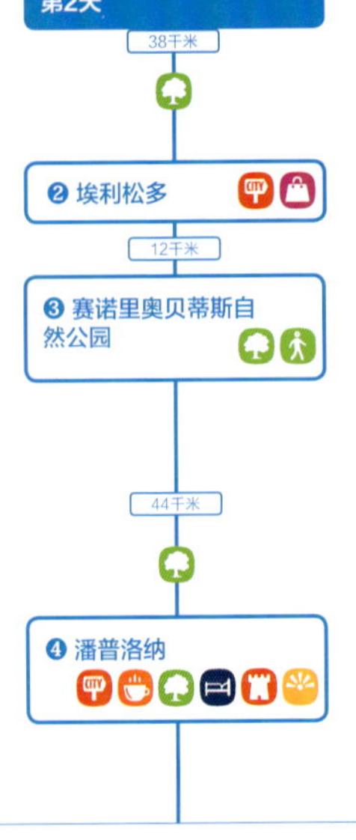

沿着N121-B公路向潘普洛纳方向行驶，巴斯坦河区绿色的山谷等着您去游览。山谷的中心是❷埃利松多（Elizondo）小镇，这里是漫步闲逛的好地方。您可以在商店里找到本地的特产：榛子巧克力。这种巧克力非常美味，但是价格略贵。可以稍微绕一下路去❸赛诺里奥贝蒂斯自然公园（Señorío de Bértiz）（开放时间不固定，详情见网址 @ www.parquedebertiz.es）。这个小的自然公园里最值得一看的就是植物园，它一直延伸到历史上曾经存在过的地主庄园。您可以漫步在两旁都是山毛榉、柏树和山茶树的路上！在N121-A公路上穿过绿色的山间景致，就到达了❹潘普洛纳→P.71。

在老城里，所有事物都集中在狭小的空间里：商店、酒吧、标志性建筑如大教堂和市政厅。在七月节期间，斗牛在市政厅前狂奔。您可以在城堡广场上的Iruña咖啡馆停留，追寻海明威的足迹。黄昏时分，在城堡公园散步和慢跑是一大享受。

在您继续前行前，请在老城堡垒城墙上散散步，大教堂日鼎堡垒附近的那段城墙尤其宏伟，而且那里有视野最佳的眺望点。潘普洛纳到❺维多利亚→P.45的快车道两旁都是石灰岩山。巴斯克地区的省会城市以两座大教堂、许多博物馆（阿提姆博物馆和纸牌博物馆不容错过）和丰富的绿色植被而出名。您可以在位于城市东边的Salburua公园散步漫游，公园里有湖区和湿地。您可以在此观察鸟类，运气好的话，还可以看到欧洲马鹿。晚上，维多利亚老城的酒吧和餐馆邀您前去喝酒玩乐，推荐您去El Portalón（🏠 Correría 151 @ 周日晚上不营业 ¥ €€€ 📞 9 45 14 27 55 @ www.restauranteelportalon.com）

第3天

102千米

❺ 维多利亚

第4天

55千米

❻ 阿罗

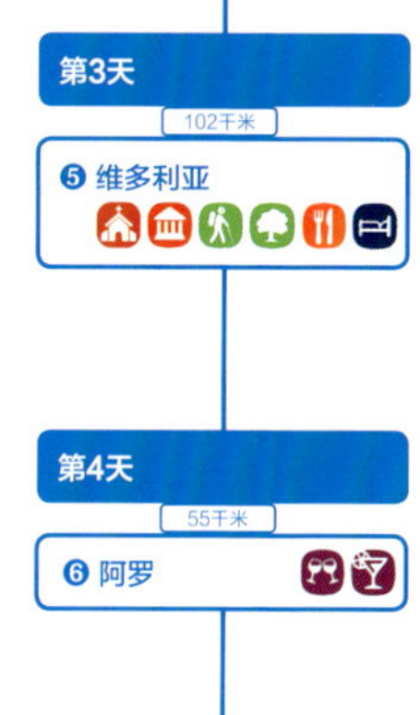

从维多利亚出发沿A1高速公路和N124高速公路驾驶到❻阿罗，这里是里奥哈葡萄酒的中心。阿罗周边，葡萄种植园位于埃布罗河流域的山谷上，上好的葡萄酒在许多酒窖的橡木桶里发酵成熟。参观酒窖并品尝一点葡萄酒是不错的经历，您可以去参观穆加酒窖（Bodegas Muga）（🏠 Barrio de la Estación 📞 9 41 30 60 60 @ www.bodegasmuga.com）。在品尝过后觉得好喝的游客，可以在拉埃拉杜拉（La Herradura）老城区的和平广场附近的几条小巷子里，找到许许多多的供应葡萄酒的酒吧和酒馆。阿罗东南方的城市旅游主旋律也是葡萄酒：全西班牙最

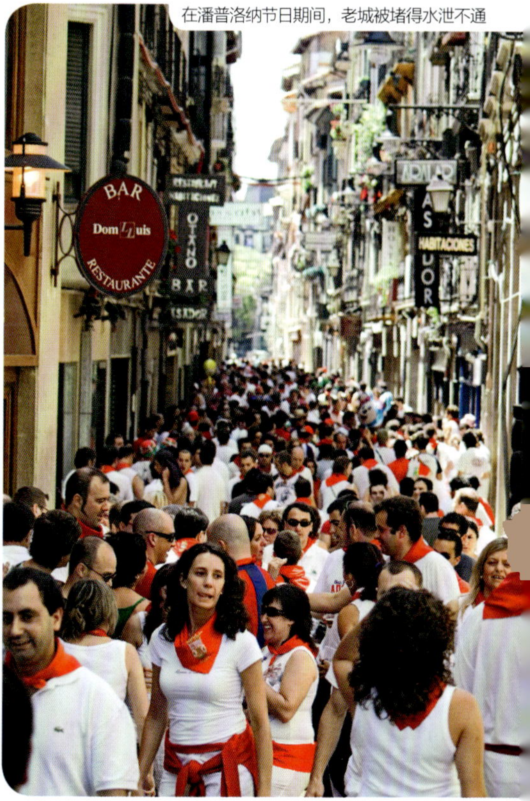

在潘普洛纳节日期间，老城被堵得水泄不通

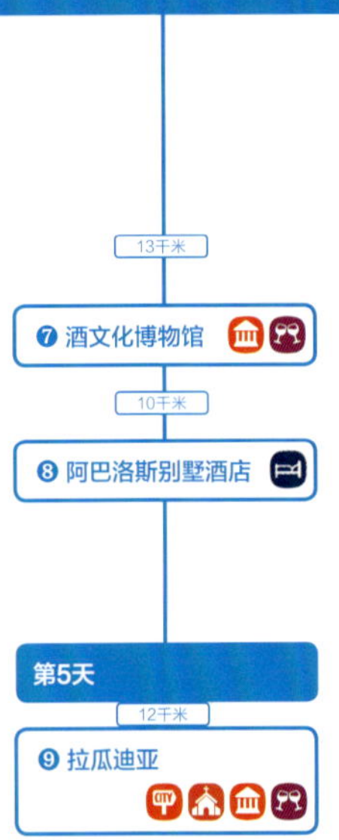

好的葡萄酒博物馆之一——7 当地锦囊 酒文化博物馆（Museo Vivanco de la Cultura del Vino）（周一不开放，开放时间不固定 @ vivancoculturadevino.es）坐落在布里奥内斯（Briones）。少见的是，这里有一个软木塞开瓶器展览。博物馆酒吧供人休息品酒。您可以在葡萄酒产地阿巴洛斯（Ábalos）美丽的乡村旅馆8阿巴洛斯别墅酒店（12个房间 Plaza Fermín Gurbindo ¥€€ 9 41 33 43 02 @ www.hotelvilladeabalos.com）里住宿。

穿过阿巴洛斯的葡萄种植园往东走，就到了设防严密的9拉瓜迪亚，它位于里奥哈阿拉韦萨葡萄酒产区的一座地势显著的小山上。中世纪时期，城墙内有许多交织的巷子，拱廊遮蔽的马约尔广场和罗马哥特式的玛丽亚国王教堂（Santa María de los Reyes）。这座教堂人物雕像的大门独具特色，由彩色的石头构成。游客中心（Mayor 52 9 45 60 08 45 @ www.laguardia-alava.com）乐于助人的女士会安排您参观这座教堂。旅途最后，请您参观当地家庭式经营的El Fabulista酒窖（Plaza San Juan 9 45 62 11 92 @ www.bodegaelfabulista.com）。在那里，您会感到惊奇：酒窖走廊的楼梯向下直通，将您带入了位于地下的另一个拉瓜迪亚！

3 加泰罗尼亚内地自然文化之旅

起点：1 巴塞罗那
终点：9 巴尼奥拉斯湖

路程：
约440千米

4天
行驶时间
8～10小时

费　　用：两人约550欧元：含汽油、餐饮、门票和住宿。
携带物品：洗漱用品和旅游鞋。

在布拉瓦海岸和巴塞罗那的另一边，您会见识到一个完全不一样的加泰罗尼亚：开车向上行驶，直到蒙特赛拉特修道院（Kloster von Mont-

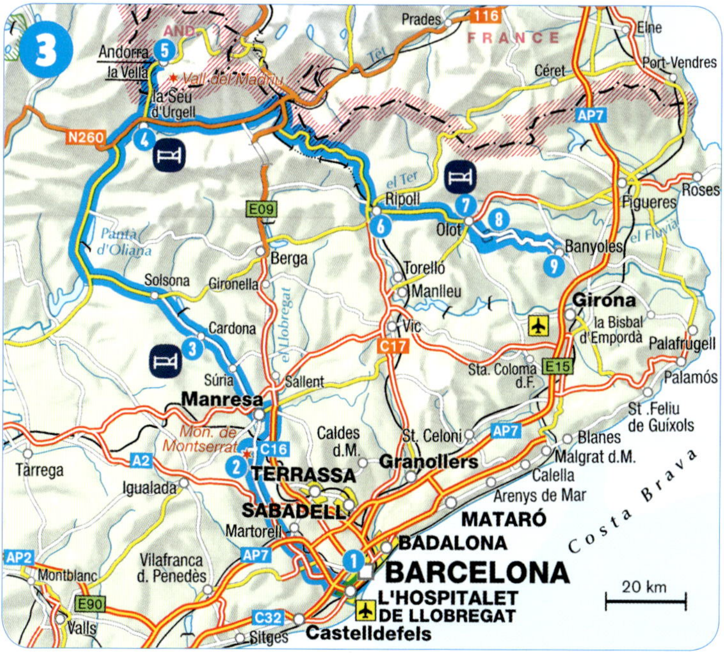

serrat），您可以在拉加罗查火山公园里和巴尼奥莱斯的湖边呼吸比利牛斯山清新的空气。

早晨在海滩上游完泳之后，离开❶巴塞罗那→P.91朝西北方向前进，在马尔托雷尔附近，您会看到蒙特赛拉特山（Muntanya de Montserrat）童话般的美景随着地势上升而显现：这是一座有魔力的山，仿佛从幻境中走出来的一样。从莫内斯特罗尔·蒙特赛拉特开始，山路蜿蜒曲折，通往加泰罗尼亚最神圣的地方：❷蒙特赛拉特修道院（@www.abadia-montserrat.net）。在那里，信徒们供奉着黑色圣母像。与信仰无关，蒙特赛拉特博物馆（🕒10:00—17:45/18:45 @www.museudemontserrat.com）把埃尔·格列柯和毕加索的作品作为自己的财产。继续往西北方向行驶，到达被一座大城堡占据的❸卡尔多纳（Cardona）。在这里，您可以在富丽堂皇的卡尔多纳酒店住宿（54个房间 ¥ €€～€€€ ☎ 9 38 69 12 75 @www.parador.es）。

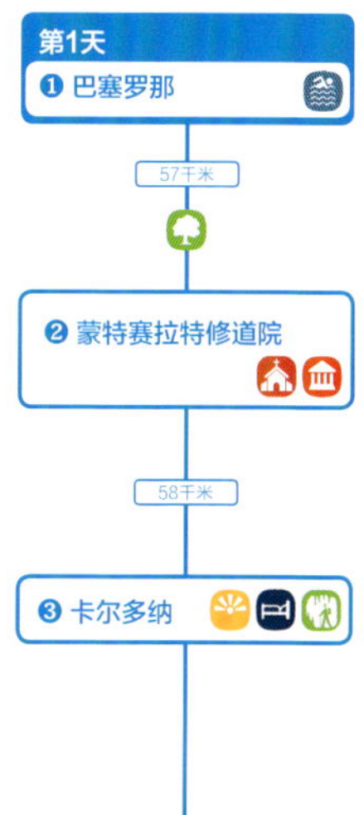

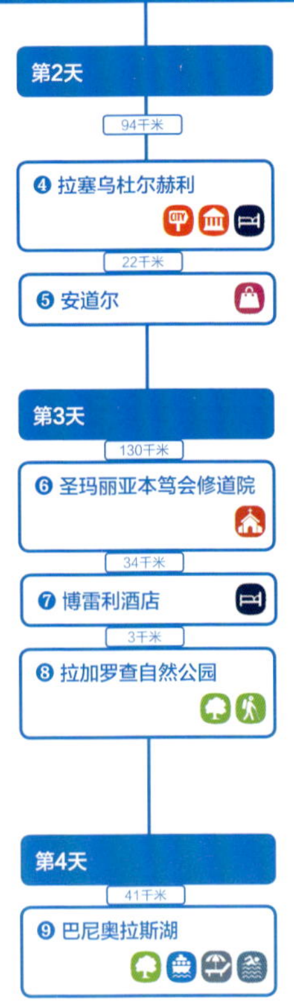

第2天上午参观卡尔多纳老盐矿——盐山（周一不开放，开放时间不固定 @cardonaturisme.cat），这是非常难得的体验。经过索尔索纳就进入了崇山峻岭环绕的❹拉塞乌杜尔赫利→P.83，您可以尽情地呼吸比利牛斯山清新的空气。在安排好住宿，参观完老城后，您可以到附近的❺安道尔→P.83疯狂采购到傍晚。

沿着N260高速公路往拉塞东边行驶，穿过山峰，到达里波尔（Ripoll），参观曾经的❻圣玛丽亚本笃会修道院，这里的大门和十字回廊特别值得您好好欣赏。在奥洛特（Olot），您可以在❼博雷利酒店（24个房间 Nonet Escubós 8 ¥ € 9 72 27 61 61 @www.hotelborrell.com）住宿。奥洛特是进入面积120平方千米的❽拉加罗查自然公园（Parc Natural La Garrotxa）的门户。游客必看的景点是约11千米长的徒步路线，这条路线始于塞拉区的奥洛特圣保罗街，徒步者绕着克罗斯卡特火山（Volcà Croscat）前进，之后向着圣马加利达火山口的绿地前进。

终点是加泰罗尼亚最大的自然湖——❾巴尼奥拉斯湖（Estany de Banyoles）。巴尼奥拉斯的达尔德大道是40分钟的游船旅行的起点，之后您可以沿着岸边走到海滨浴场。

深入探究火山：徒步前往圣马加里达火山（Volcà de Santa Margarida）

4 安达卢西亚多样的东部

起点：❶ 格拉纳达
终点：❿ 马拉加

路程：
500千米

8天
行驶时间
9～10小时

费　　用： 两人约1 100欧元起：含汽油、餐饮、门票和住宿。
携带物品： 洗漱用品和防晒用品。

乘车环游安达卢西亚东部，海滩、山峰和文化的混搭等待着您的发掘。这个西班牙四季常青的地区是新晋的度假胜地，非常值得游览。

❶格拉纳达→P.151作为此次旅行的起点是再合适不过的，因为它可以让您马上熟悉典型的安达卢西亚风格：世界奇迹阿兰布拉宫和历史上摩尔人建立的阿尔拜辛区可以让您充分了解西班牙南部丰富的穆斯林文化遗产；在密密麻麻的小吃酒吧里，您可以体会到当地人的生活热情；参观大教堂和皇家礼拜堂时，您可以获得对西班牙基督教文化的第一印象。远离游客，当地锦囊 沿着赫尼尔河散步和慢跑是很好的放松方式。由于格拉纳达的名胜古迹和值得体验的项目太多，您得在这里停留一晚，第2天傍晚时分再沿着A92高速公路出发前往❷瓜迪克斯→P.154，驾驶时间并不长。最重要的建筑是大教堂，但这里最吸引人的建筑却是建在山崖里的洞穴居所，至今还有人住在这些洞穴里。如果您想要尝试一下，也可以选择在洞穴里住一晚，如佩德罗·安东尼奥·德·阿拉尔孔洞穴旅馆（23个房间 Barriada San Torcuato € 9 58 66 49 86 www.cuevaspedroantonio.es）。

沿着A92高速公路穿过半荒漠地带的大草原，到达❸塔韦纳斯沙漠→P.145。下雨在这里可是稀罕事，一年之中，这里有330个大晴天。这里拍摄了很多意大利式的西部片，这一点儿都不奇怪。您可以在众多主题公园中的任何一个公园感受到这一点，如欧阿瑟斯主题公园。您也可以去阿尔梅里亚东部的加塔角-尼哈尔自然公园（Parque Natural Cabo de Ga-

65千米

④ 圣何塞

第5天

63千米

⑤ 阿尔梅里亚

118千米

⑥ 萨罗夫雷尼亚

第6—8天

41千米

⑦ 内尔哈

13千米

⑧ 弗里希利亚纳

ta-Níjar），它是西班牙境内最美的自然公园，许多海湾、沙滩、火山地带和半荒漠地带组成了这个沿海天堂。理想的留宿地是④圣何塞→P.146，白色的房子闪着光，延伸向海岸。请您在这里停留两晚上，因为最美的海滩——德罗斯格诺威瑟斯沙滩、蒙苏尔海滩和新月湾值得您花费一整天去参观，在那儿您可以享受日光浴、游泳，彻底放松身心。每一处海水都清澈透明。

省会城市⑤阿尔梅里亚→P.142值得您逗留，因为这里有防御工事——碉堡（可远眺美景）和小吃吧，您可以在这些小吃吧里吃午餐。然后开车继续前往格拉纳达的海岸，这是一个热带海岸。在⑥萨罗夫雷尼亚，我们推荐您在贝斯特韦斯特萨洛夫雷尼亚酒店（Best Western Hotel Salobreña）住宿（191个房间 Ctra. Málaga–Almería km 323 ¥ €€ 95 86 10 26 1 @ www.bestwestern.es）。这个酒店性价比很高，地理位置也很好。不远处就是坐落在山坡上的一座座白色房子。请您往城堡方向向上散步，漂亮的山海全景是对您辛勤攀登的奖赏。

在⑦内尔哈您应该再停留一晚，为了有时间能游览著名的钟乳石洞——内尔哈洞，为了有时间能在沿海地区内地的白色村庄——⑧当地锦囊 弗里希利

亚纳（Frigiliana）的小巷子里散步，也为了有时间能在返回⑨内尔哈后，在布里亚纳海滩享受日光浴。位于市中心的欧洲阳台（Balcón de Europa）观景台是很特别的景点。您可以在它旁边的同名酒店（108个房间 Paseo Balcón de Europa 1 ¥ €€～€€€ ☎ 9 52 52 08 00 @ www.hotelbalconeruopa.com）留宿。这个地理位置是绝佳的！这次旅行的终点是⑩马拉加 →P.155，您要花费至少两天时间在堡垒、艺术博物馆、小吃吧、夜生活等项目上。推荐您为旅行的最后一次休息选择一个小海滩，如巴诺斯德尔卡门海滩（Playa Los Baños del Carmen），在那里您可以看到闪闪发光的大海。

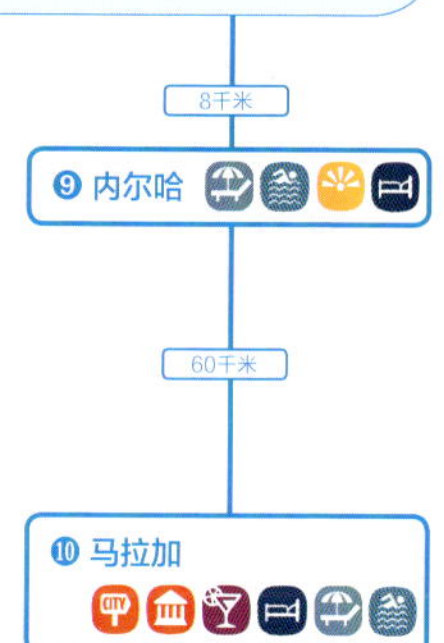

5 鲜为人知的埃斯特雷马杜拉

起点： ① 卡塞雷斯
终点： ⑤ 特鲁希略

路程：
➡ 200千米

2天
行驶时间
4～5小时

费　　用： 两人约180欧元起：含汽油、餐饮、门票和住宿。
携带物品： 旅游鞋，可能的话最好带上望远镜和配套的镜头，以便观察鸟类。

埃斯特雷马杜拉常常不在西班牙最主要的旅游路线上，但是这里也有一些值得探索发现的地方。这条旅行路线包含一个国家公园和一个非同一般的艺术博物馆。它的起点和终点是两座特别美丽的城市。

第1天

❶ 卡塞雷斯

23千米

❷ 马尔帕尔蒂达·福斯特尔博物馆

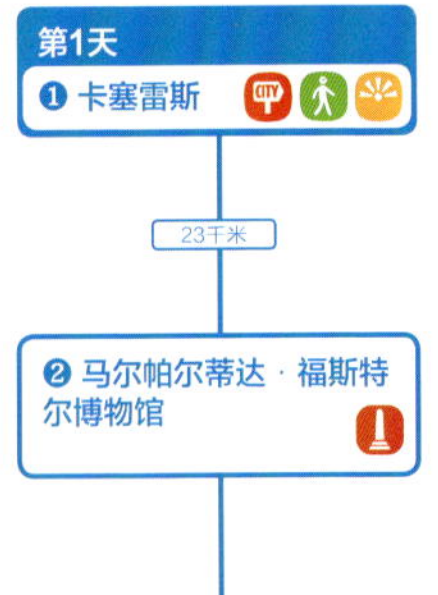

这趟旅行的起点是❶卡塞雷斯→P.118。请您千万抽出一点时间，去逛一逛这个特别漂亮的老城，它被联合国教科文组织列入《世界遗产名录》不是没有理由的。您从圣母山可以看到美丽的景色。在城市东边的圣母大路（Carretera de la Montaña）上散步（来回需要一个半小时），可以走着上山。然后开车向西前往马尔帕尔蒂达德卡塞雷斯（Malpartida de Cáceres），在那里有一座很奇怪的博物馆：❷马尔帕尔蒂达·福斯特尔博物馆（Museo

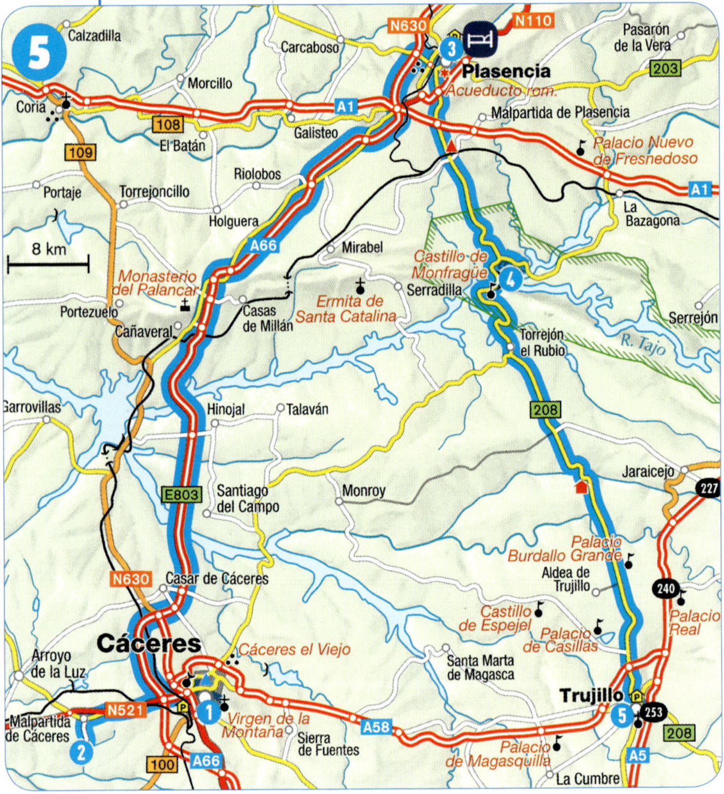

旅游城市氛围轻快的广场：特鲁希略的马约尔广场

Vostell Malpartida）（3月中旬至9月中旬周二至周日9:30—13:30、17:00—20:00，9月中旬至次年3月中旬9:30—13:30、16:00—18:30 @museovostell.gobex.es）。这座博物馆由德国激流派和偶像艺术家沃尔夫·福斯特尔（1932—1998年）建立。当地锦囊 它独一无二的布置使世人为之震惊。您今天要游览的城市是❸普拉森西亚→P.119，傍晚时分，您可以在松树公园（Parque de los Pinos）里散步，这里松树成荫，还有孔雀、池塘和小径。

接下来，您要去探索❹蒙弗拉圭国家公园→P.119。这里翠绿的、遍布湖泊和岩石的山间景致吸引了许多鸟类出没，有黑鹳和秃鹰，也因此吸引了许多鸟类观察爱好者。游客中心位于圣卡洛斯的比利亚雷阿尔，这里是黄色标记路线的起点。沿着这条路线您会到达拉塔雅迪拉眺望点，来回行程共8.5千米，要花费2.5～3个小时。从比利亚雷亚尔沿EX-208公路往南走就到了您的下一个目的地——❺特鲁希略→P.119，在历史上，这座城市被称作“征服者的诞生地”：臭名昭著的弗朗西斯科·皮萨罗和许多其他染指拉丁美洲的殖民者都来自特鲁希略。老城里众多华丽的宫殿是那个时代的见证者。您首先会为马约尔广场着迷，在这里饮一杯开胃酒，简直完美！

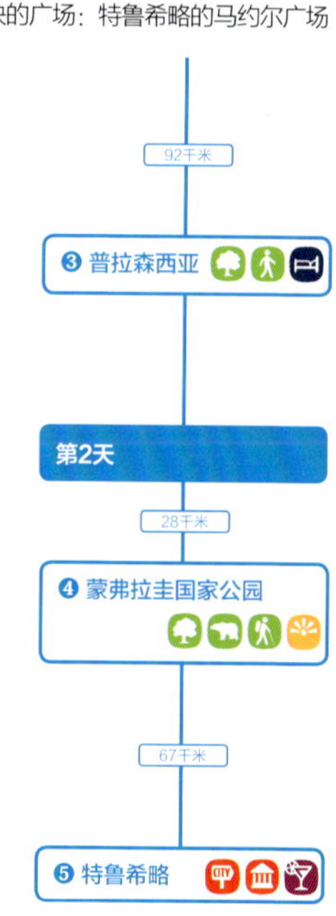

户外活动

就像丰富多彩的景观一样，西班牙的户外活动也是多样的：许多大大小小的山吸引了很多徒步旅行者、山地自行车爱好者和滑雪爱好者。大西洋和地中海为水上运动爱好者提供了他们需要的一切。

极限运动/滑翔伞飞行

最流行的运动是能为人们带来新鲜体验的，尤其是洞穴探险（Espeleología）和峡谷漂流（Barranquismo）。在西班牙北部（坎塔布里亚和巴斯克地区），人们可以在专业的指导下进行这两项活动。滑翔伞飞行的最佳地点是安达卢西亚，在安特克拉西南方的巴列德亚夫达拉希斯（Valle de Abdalajís）或者在阿尔戈多纳莱斯（Algodonales）附近的利哈尔山脉（Sierra de Líjar）。Eolox学校（☎ 6 50 68 59 69 @ www.parapentemalaga.es）和Líjar Sur学校（☎ 6 17 49 05 00 @ www.lijarsur.com）专门教授双人飞行课程。在比利牛斯山也有相应的滑翔伞飞行区域和专业指导（@ volaren castejon.com, www.parapentepirineos.es）。

高尔夫

安达卢西亚的太阳海岸是高端的国际高尔夫球场。在这里可以望见大海、山脉、湖泊、橄榄树、热带植被和

上图：塔里法的海滩

潜水、打高尔夫、奔跑，海滩上微风轻拂着头发，人们在海边踢球、漫步或者到山上骑自行车。

水坝。在春秋时节和暖的天气里，打高尔夫是非常舒服的，在夏季时，各种特价活动吸引着客人。在西班牙其他地方，您也可以找到理想的高尔夫球场。@ www.golfspain.com, www.golfinspain.com

皮划艇漂流

在赛利亚河上乘皮划艇漂流是真正全新的体验，对初学者来说也是如此，但前提条件是，您有能力驾驭皮划艇在水上航行。在阿里翁达斯（Arriondas）和坎加斯-德奥尼斯有超过20个有组织的漂流活动，其中阿里翁达斯的Asturiana de Piraguismo学校（Finca Fundición de Coviella，El Portazgo ☎ 9 85 84 12 82 @www.piraguismo.com）是值得推荐的。这里提供装备，小型公交会把参加者带到出口处。在西班牙北部的其他河流上漂流也是可行的，如埃布罗河（@www.k2aventura.es）和阿松河（Río Asón）（@ www.canoason.es）。

登山

西班牙人是充满热情的登山者。阿拉贡地区锈褐色的当地锦囊 里洛格斯岩（Mallos de Riglos）对登山者来说，是一个不小的挑战。

骑自行车/山地自行车

遗憾的是，西班牙的机动交通驾驶员的字典里没有“体谅”这个词汇。因此，在封闭的场所骑自行车必须戴头盔，对孩子来说，即使在内城骑车也必须戴头盔。在整个西班牙有2 000千米闲置的机动车行驶道路（Vías Verdes）（@ www.viasverdes.com）被改建成了自行车道和人行道。在内陆的圣雅各之路上，人们可以骑自行车从西班牙和法国边境出发，穿越800千米到达圣地亚哥。您可以走原本的朝圣者之路，也可以选择公路。在安达卢西亚的阿尔梅里亚，当地锦囊 阿尔梅里亚自行车俱乐部（☎ 9 50 31 73 00 @ www.almeria-bike-tours.de）的克里斯特尔·斯坦豪斯和弗朗西斯·塞古拉专注于探索通往高山或半沙漠地区的未开发的小路。他们提供有环保意识的为期一周的山地车或者赛车旅行，包括在佩奇那（Pechina）附近的自行车站的住宿。在巴塞罗那有几家为自行车骑手提供服务的供应商（@ www.bikerentalbarcelona.com,www.barcelonarentabike.com）。

骑马

安达卢西亚是骑马的中心。骑手节在柳条庄园（Finca La Mimbre）（🏠Carretera de los Soldados，Vejer de la Frontera ☎ 9 56 23 26 48 @ www.rei-turlaub-finca-lamimbre.com）和Picadero Fuente del Gallo（🏠 Conil de la Frontera ☎ 6 09 50 99 92 @ www.picaderofuentedelgallo.de）举行。顺便可以从当地锦囊 赛马中心（🏠 Término LosGustales ☎6 17 35 48 73 @ www.hipicanavarrete.com）出发，在里奥哈自治区纳瓦雷特（Navarrete）的葡萄种植园骑马游行。

驾驶帆船

西班牙的海岸遍布帆船俱乐部和帆船学校，尤其是地中海区域的海港。在这里有许多专业指导的帆船驾驶体验。@ www.rfev.es

滑雪

内华达山是西班牙南部经典的滑雪胜地，这里的内华达山、格拉纳达（@ sierranevada.es）缆车站海拔2 100米，聚集了许多旅馆，也有升降电梯。越野滑雪和高山滑雪的胜地是比利牛斯山地区，西边从坎丹奇奥（Candanchú）（@ www.candanchu.com）起，包括加泰罗尼亚地区的巴奎伊拉（Baqueira）/贝雷特（Beret）（@ www.baqueira.es）、Tavascan和埃斯波特（@www.espotesqui.cat）。

潜水

最适合新手的水下活动地点是加泰罗尼亚的梅德斯群岛（Illes Medes）。它位于埃斯塔蒂特（L' Estartit）海岸前约2 000米。在度假小城埃斯塔蒂特，众多的潜泳课程和初学者体验课程供应商能满足您各种各样的需求（@ www.unisub.es, www.aquatica-sub.com）。安达卢西亚加塔角自然公园的潜水中心（Centro Buceo Isub）（Calle Babor 3，San José ☎ 9 50 38 00 04 @ www.isubsanjose.com）也教授潜泳。穆尔西亚地区有好去处就是巴娄斯角，那儿有许多潜水中心，如Buceo Islas Hormigas俱乐部（Paseo de la Barra 15 ☎ 9 68 14 55 30 @ www.islashormigas.com）。在靠近海岸的地区，也可以进行徒手潜水。@ fedas.es

徒步旅行

对于徒步旅行爱好者来说，圣雅各之路、长途步道和国家公园都是非常合适的选择。在拉加罗查自然公园火山区和奥尔德萨和佩尔迪多山国家公园自然保护区，都清楚地标明了徒步路线。巴斯克的伊兹基自然公园位于维多利亚东南约40千米处，虽然不是非常著名，但充满了魅力。

疗养服务

疗养在西班牙也是新风尚。人们新开发了温泉疗养和药浴服务，越来越多的旅馆或提高价格，或新增了这项服务，以应对人们在这方面越来越多的需求。人们不仅追求健康，也想在浴池内舒服地独处。在@www.balnearios.org、www.wellness-spain.com网站上，您可以看到详细的疗养服务信息。

冲浪

大西洋海岸吸引了许多风帆冲浪者，尤其是安达卢西亚的塔里法。塔里法西北部的加的斯大道旁，您可以找到许多冲浪中心。在西班牙北部，萨劳特斯海滩最受冲浪者欢迎。

不管有没有圣雅各拐杖：只有徒步者才能发现西班牙的多样

带着孩子旅行

尽管出生率很低，但西班牙仍然是一个关爱孩子的国家。这里的孩子们直到深夜都在乡村或者城市的广场上玩耍。他们会制造无穷无尽的噪声，但是这并不会让西班牙人感到反感。

到处都是城堡和宫殿，等待着人们去发现。人们在水上公园嬉闹。但是您要做好准备，西班牙的游乐园门票价格不菲。数不胜数的细沙沙滩是孩子们的梦幻游乐场，不管是在地中海海岸还是大西洋的海湾，人们常常可以看见许多儿童运动场、攀援设备和"U"形滑道。

大西洋海岸

圣塞瓦斯蒂安水族馆（Aquarium in San Sebastian）●（折页 K2）

您可以在水量超过250万升的玻璃隧道中看到鲨鱼和它尖利的牙齿、漂亮的尾鳍，这是水族馆之旅的高潮。除此之外，还有海龟、鳐鱼、海马和海鳝，以及一个类似博物馆的区域，里面展示了船模和历史上海上航行的藏品。观看当地锦囊➡主海底隧道喂食（周二、周四和周日12:00）是很有意思的。Plaza Carlos Blascode Imaz 1 10月至次年复活节周一至周五10:00—19:00，周六、周日10:00—

上图：圣塞瓦斯蒂安水族馆

游船、狼嚎、动物园和令人兴奋的采矿博物馆：千变万化的海滩生活。

20:00；复活节至6月和9月周一至周五10:00—20:00，周六、周日10:00—21:00；7、8月10:00—21:00 ¥ 13欧元，4～12岁儿童6.5欧元 @ aquariumss.com

乘船航行（Boat Tour）

许多港口都提供大西洋沿岸游船服务。每小时10～15欧元（儿童6～9欧元）。在加利西亚阿罗萨海湾的贝壳养殖区来一场海湾之旅或者摆渡到西斯岛和翁斯岛是很受欢迎的项目（@ crucerosriasbaixas.com）。当地锦囊 出海欣赏加利西亚"世界尽头"——菲斯特拉海角的落日是一次特别的体验。可以在菲尼斯特雷的Brigantia Viaxes（Santa Catalina 48 9 81 74 00 74 @ mardegalicia.com）买到票。在巴斯克的圣塞瓦斯蒂安，乘船经过主海湾就到了圣克拉拉岛（@ www.motorasdelaisla.com）。毕尔巴鄂的"毕尔船"（@ www.bilboats.com）从内维翁河开到港口。

圣文森特艾尔艾特里戈采矿博物馆（Museo de la Mineríay de la Industria San Vicente in El Entrego）（折页F2）

在阿斯图里亚奥维多东南35千米处的圣文森特艾尔艾特里戈采矿博物馆里，您可以跟着导游穿越地下仿真隧道。电梯将您带入地下，之后您可以跟着导游感受地下通道的拥挤和狭窄。Calle El Trabanquín，驶过La Felguera 周二至周日10:00—14:00和16:00—19:00，夏季10:00—20:00 ¥7欧元，4～12岁的儿童4.5欧元 @www.mumi.es

当地锦囊 卡巴切诺自然公园（Parque de la Naturaleza de Cabárceno）（折页H2）

请您乘车去探索这个独特的自然野生公园，它位于桑坦德南方20千米处，奥夫雷贡（Obregón）附近，坎塔布里亚崎岖的岩石层之上。曾经的卡巴切诺采矿区现在是狮子、长颈鹿、袋鼠和斑马的生活圈，其间有20千米长的道路网。在露天区有许多可以上车的站点。棕熊区很吸引人，这种动物过去遍布伊比利亚半岛。每天2～3次的鹰类和海狮表演也很受欢迎。7月、8月9:30—19:00，9月至次年6月9:30/10:00—17:00/18:00 ¥4月至9月25欧元，6～12岁的儿童15欧元，其他时间，成人18欧元，儿童12欧元，下午票价有折扣 @www.parquedecabarceno.com

一直向下：马德里田园之家游艺公园

圣雅各之路

潘普洛纳的塔寇内瑞公园（Parque de la Tacoonera in Pamplona）（折页K3）

这座城市公园里包括城市防御工事的一部分，对孩子们来说，还有更加吸引他们的当地锦囊鹿、狍子和各种家禽。园内有许多好的眺望点。这是一次免费又有趣的体验！

地中海东海岸

巴伦西亚生物公园（Bioparc Valencia）（折页M7）

有没有兴趣在巴伦西亚体验一下马达加斯加和非洲大草原的生物圈？在现代技术齐全的生物园，您可以进入自主设定的生态系统，动物也可以有充足的活动空间。Avenida Pío Baroja 3 10:00—18:00/19:00/20:00/21:00（按照季节变化）¥23.8欧元，4～12岁儿童18欧元 @www.bioparcvalencia.es

西班牙中部

特鲁埃尔恐龙园（Dinópolis Teruel）（折页 L6）

这里再现了曾经的恐龙世界。这个主题公园的恐龙会让您战栗。在轨道上的穿越时空之旅由各种特效构成。史前大型生物以3D的方式呈现，也有4D的再现。Polígono Los Planos 3月和9月至12月大多只在周末，5月、6月周四至周六，7月、8月10:00—19:00/20:00 28欧元，4～11岁的儿童22欧元 www.dinopolis.com

马德里游乐公园（Parque de Atracciones Madrid）（折页 H6）

4人长椅上升到63米的高空中，深呼吸后就是迅速的下坠，速度达到了每小时80千米。在滑索上几秒钟的体验是这个巨大的绿地公园里的招牌项目。占地20万平方米的公园里有40个大大小小的游乐设施。开放时间不固定，7月、8月12:00—24:00，其他月份只在周末开放，个别工作日 12:00—20:00/21:00/22:00 网上预约的门票包含乘车费，价格19.9欧元起，当天买票31.9欧元，1～1.4米的儿童19.9欧元起，当天买票24.9欧元 parquedeatracciones.es

阿尔马登采矿公园（Parque Minero de Almaden）（折页 G8）

2000年时这里停止了工业开采，如今在这座矿山公园里，游客们可以参观雷阿尔城的水银矿道。周二至周日10:00—14:00和16:30—19:30（10月至次年4月15:30—18:30）13欧元，4～14岁的儿童10欧元，低于4岁不能进入 www.parqueminerodealmaden.es

西班牙南部

托雷莫利诺斯水上乐园（Aqualand Torremolinos）（折页 G11）

经典的娱乐体验水上乐园，位于度假中心——太阳海岸，吸引着各地的游客。在加的斯阳光海岸附近的圣玛丽亚港（El Puerto de Santa María）有一个水上乐园的分支。Cuba 10 5月底至9月中旬11:00—18:00（7月、8月10:00—19:00）28欧元，5～10岁的儿童9欧元，3～4岁的儿童10欧元，网上购票有价格优惠 www.aqualand.es

当地锦囊 狼园（Lobo Park）（折页 G11）

这座非同寻常的狼园位于马拉加西北约60千米处，有超过30头狼生活在广阔的自然禁猎区，这些狼可以随时撤离这片地区。每天有很多场西班牙语和英语的导览。Carretera A 343 Antequera–Álorakm 16 一般情况下在周四至下周二的11:00、13:00、15:00、16:30有导览 11欧元，3～12岁的儿童7欧元 www.lobopark.com

格拉纳达科学公园（Parque de las Ciencias Granada）（折页 H10）

带有蝴蝶屋、眺望塔和天文馆（分开的门票）的“科学公园”。公园的侧重点是和儿童、青少年互动。Avenida de la Ciencia 周二至周六10:00—19:00，周日10:00—15:00 7欧元，18岁以下6欧元 www.parqueciencias.com

每月节庆与活动

节庆

1月

三王朝圣节（Reyes Magos）：在1月5日，三王朝圣节前夕，多地都会举行彩色游行。

1月20日，圣塞瓦斯蒂安的城市节，有24小时的鼓队演奏。

2月/3月

加的斯狂欢节，人们放纵欢闹。

西班牙南部穆尔西亚区的当地锦囊阿吉拉斯狂欢节。

3月19日，巴伦西亚的★法雅节2016年被评为世界非物质文化遗产。在法雅节上，上百个由木头和纸板做成的巨大人物像被放火烧掉。在法雅节前夜有大型焰火表演。

复活节★●圣周（复活节前一周）：僧侣打扮成幽灵在街上的各个游行活动中列队前进，他们还拉着成吨重的立像。在塞维利亚、马拉加、格拉纳达、昆卡、巴利亚多利德和莱昂，圣周氛围尤其浓厚。在阿拉贡的卡兰达（Calanda），在埃林和托瓦拉（Tobarra）（这两个城市都在阿尔瓦塞特）会有当地锦囊盛大的鼓队游行。在圣文森特德拉松谢拉（San Vicente de la Sonsierra）（里奥哈）鞭笞派会参与游行。

4月

整个塞维利亚都沉浸在四月节（Feria de Abril）的氛围里。

阿利坎特省的阿尔科伊（Alcoi）有纪念历史的“摩尔人和基督徒节”。

5月

赫雷斯德拉弗龙特拉有持续一周的“马节”。

圣灵降临节　信徒乘坐装饰的小车或者拖拉机大规模地前往安达卢西亚的埃尔罗西奥（El Rocío）朝圣。

6月

6月24日：圣胡安节，也叫仲夏节，在节日前一晚，多地都会燃放烟花庆祝。圣佩德罗曼里克（San Pedro Manrique）（卡斯蒂利亚–莱昂）的当地锦囊“火行者”让人印象深刻，他们会赤脚走过炙热的火毯。

6月29日：阿罗（里奥哈）附近的“葡萄酒之战”不是真的战争，数万升的葡萄酒“弹药”，给人们带来了巨大的欢乐。

7月

7月6日—14日：潘普洛纳奔牛节，7月7日开始，每天早上都有老城奔牛活动。

7月22日在●当地锦囊➜安吉亚诺（Anguiano）的高跷舞会上，莽撞的男人们穿着鼓起的裙子，踩着高跷，和着音乐，朝村子里的小路奔去。

人们通过举办音乐会、燃放焰火的方式来庆祝圣地亚哥-德孔波斯特拉的城市节，用来纪念圣雅各布（7月25日）。

月底在贝尼多姆会举办夏季音乐节，包含独立音乐、流行音乐和摇滚乐。

8月

穆尔西亚地区的拉乌尼翁举办弗拉明戈节（Cante de las Minas）。

8月14日、15日在埃尔切会举办神秘剧节。

9月

在洛格罗尼奥（里奥哈），9月20日左右会举办葡萄酒节。

圣西尔维斯特节　马德里的新年：电视直播中，太阳门的钟每敲12下，人们就会吃一颗葡萄，据说这样会带来好运！

节庆日

不同地区有各自的节日，如濯足节（复活节前的星期四），复活节后的星期一和7月25日的雅各布节。如果节日赶在周日，一般会推后到周一庆祝。

1月1日	新年
1月6日	三王朝圣节
3月/4月	耶稣受难日
5月1日	国际劳动节
8月15日	圣母升天节
10月12日	国庆节
11月1日	万圣节
12月6日	宪法日
12月8日	圣母无染原罪节
12月25日	圣诞节

旅行随时查

网页/博客

www.visitspain.com.cn 西班牙旅游官方中文网站。

www.tapas.de 西班牙特色小吃的详细介绍。

www.rusticae.es 精选的、小的、有情调的乡下旅馆，大多位于主路以外的地方。有西班牙语和英语。

www.marcopolo.de/spanien 有您旅行需要的一切：交互式地图，包含路线规划功能，其他游客的评价和感受，最新消息和优惠。

www.spanien-reisemagazin.de 在线西班牙杂志，侧重点是旅游、文化和政治。

www.spottedbylocals.com/Madrid 和www.spottedbylocals.com/Barcelona 6个马德里人或者巴塞罗那人在这个网站上给出了他们最喜欢去的地方，从新开的餐厅到冰激凌亭，从隐蔽的艺术点到有现场音乐的酒馆。

www.travelcookeat.com 介绍巴斯克地区美食和生活的博客，博主是生活在圣塞瓦斯蒂安的女厨师、女作家玛蒂·巴克利·基尔帕特里克。

www.spanienforum.de 度假者、外国移民和当地居民都会使用。在这里，人们可以交换物品并对各个话题交流建议和想法。

www.diariodeunalemol.com 博主安德烈·霍西梅尔（André Höchemer）在西班牙生活了很多年，他在博客上写下了他对于跨文化的误解和冲突的见解。

无论是准备出行还是已到达，这些网址和信息都能够为您的旅程提供帮助。

视频/音乐

short.travel/spa4
介绍毕尔巴鄂古根海姆博物馆和它的建筑历史的制作精美的视频。

short.travel/spa5
简短地道的格拉纳达弗拉明戈选段，不是最好的表演，但是对您提前了解当地的弗拉明戈还是有帮助的。

canalflamenco.radio.de 聆听弗拉明戈音乐，享受这种氛围！

short.travel/spa3
给您带来对巴伦西亚法雅节（西班牙最大的民众节日之一）的简要印象，英语解说，伴随着欢快的音乐和不同寻常的节日噪声！

Apps

Tourias 免费的手机旅行指南，包含巴塞罗那、塞维利亚、白色海岸、太阳海岸和马德里等的信息。

Malaga City Guide 针对苹果手机的城市指南，同样可用于格拉纳达。

Turismo de Santiago de Compostela 这款针对朝圣者之城的App有多种语言。

实用信息

到达

西班牙有三大机场，分别是马德里巴拉哈斯机场、巴塞罗那普拉特机场及马拉加的马拉加机场。马德里巴拉哈斯机场是西班牙首都马德里的主要国际机场，位于马德里市中心东北12千米处。分为T1（国际线路）、T2（国内线路和前往欧盟申根协定缔约国方向的线路）、T3（普恩特、艾雷欧和一部分国内线路）3个区域。

从北京飞往马德里的航班比较多，一般大家都会选择这条航线。

问询中心

西班牙驻华使领馆旅游处

西班牙驻华大使馆旅游处 🏠 北京市朝阳区亮马河南路14号塔园外交办公楼2-12-2 ☎ +8610 65329306/07

西班牙驻广州总领事馆旅游处 🏠 广州市天河区珠江新城华夏路10号富力中心5楼506室 ☎ +8620 38928986

@ www.spain.info

绿色出行

旅行时，您也可以改变世界，比如时刻提醒自己在旅程中尽量选择二氧化碳排放较少的交通方式，学习如何以环保的方式规划您的路线。同时也要注意，尽量保护旅行国家的自然和文化。作为游客，保护自然环境、保护区域特色、减少自驾、节约用水等保护生态环境的举措是非常重要的，请务必多加关注。

汽车

一般限速50千米/小时，在国道上90千米/小时，有时100千米/小时，在快车道和高速公路上120千米/小时。司机血液含酒精限度为0.5‰，对驾驶新手是0.3‰。驾驶时必须带着停车警告牌和警告背心。不允许私自雇人拖车，必须呼叫专业的拖车服务。对违章行为的处罚非常严厉。不在西班牙居住的人，必须马上缴纳罚款。在收费的停车场，车常常会被拖走，就算刚刚超时一点点，也妨碍了别人。

住宿/露营

在海边有许多的露营地，在内地的许多露营地是真正的人迹罕至的秘密空间。一些出租帐篷和移动房的露营地对结伴出游的旅行者来说是划算的住宿地。@ www.campingsonline.com，www.campinguia.com

外事机构

中华人民共和国驻西班牙大使馆 🏠 Calle Arturo Soria，113，28043 Madrid ☎ 6 99 08 90 86 @ http://www.embajadachina.es

从开始到结束：旅行中不可或缺的信息。

入境

请您提前办理申根签证。儿童必须有自己的旅行文件。申根国家之间基本上不会有边境检查。

门票/折扣

博物馆和名胜古迹的门票根据知名度不同，价格也不同。一般小城市的门票在2.5～4欧元，大城市的门票在5～8欧元。但是有许多例外！在巴塞罗那，门票尤其贵。参观圣家堂的基础票就要15欧元，安东尼·高迪修建的巴特罗之家门票要22.5欧元。全家人出游常常去的地方，如水上乐园、游乐园和海洋馆等门票也不便宜。一般来说，门票对儿童、学生和退休者有优惠。一些博物馆一周有一整天或者只在特定的几个小时免费开放。城市的“游客卡”对于计划参观许多文化景点的游客来说是划算的。

现金/信用卡

信用卡很普及，尤其是Visa卡。到处都有自助取款机，可以大额提取现金。

医疗

生病需要去往最近的健康中心。医院的急诊部叫作Emergencias。旅行想要保险一点，可以买一份旅行健康保险。

网络

许多酒店都提供无线网络，但是个别旅店的无线网络是收费的。其余地方有时会有免费的无线区。

汽车出租

国际租车服务商在所有机场、城市和大的度假中心都有服务点。小型车每周的租金依照地区和季节的不同在90～100欧元（含免费里程和基本车险）。夏季是旅游旺季，价格可能会翻倍。请您无论如何在出发之前要预订一辆车，比方说在@www.billiger-mietwa上。您在租车之前常常需要支付加油的钱。您归还汽车时，油箱可以是空的。如果您按照约定，租车时油箱是满的，还车时油箱也应是满的，但花费肯定会多得多。

它们值多少钱

零食小吃	约人民币8元一份
咖啡	人民币8～11元 一杯浓的黑咖啡
葡萄酒	约人民币8元 在柜台喝一小杯
自行车	人民币93～156元 一天
汽油	约人民币10元 1升最高纯度的汽油
公交	人民币70～78元 100千米的长途旅行

西班牙

紧急呼救

全国范围电话：112

公共交通

远距离交通的首选是公交车，可靠而且便宜。一般情况下，每个城市都有长途汽车站。在度假旺季推荐您提前订票。火车票也是一样。超快高铁AVE（@www.renfe.com）保证了大城市之间快速便捷的远距离出行（从马德里到巴塞罗那不到3个小时，从马德里到塞维利亚2.5小时），否则就需要费劲地换乘。在西班牙北部除高铁之外，还有Feve窄轨车（@www.feve.es）。在马德里和巴塞罗那乘坐地铁十分方便。

营业时间

西班牙没有法定的商店关门时间。商店一般周一至周五9:30/10:00—13:30/14:00开门，下午从16:30/17:00开到20:00，周六只在上午开门。一些旅游城市的商店和综合购物商场以及大型的超市会一天不间断地营业。博物馆一年之内按照季节多次调整开放时间，周日下午，尤其是周一很多博物馆都不开门。

邮局

20克以下的国际信件和明信片的邮费是一样的，大概是1.1欧元。在售卖烟草的店里也卖邮票。@www.correos.es

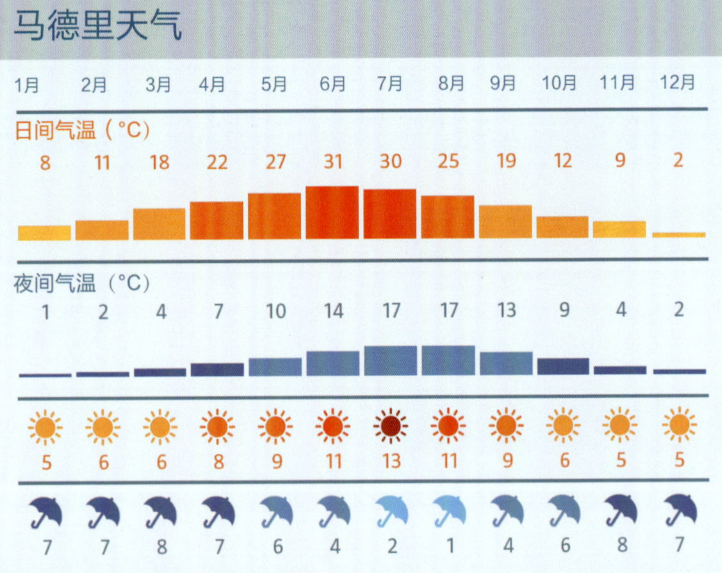

每天日照时长 每月降雨天数

电话/手机

往国外拨电话先按00，然后拨国家区号，不拨区号里的第一个0，然后拨电话号码。在西班牙国内打电话不用拨区号，手机可以无障碍使用，手机会自动选择信号最强的网络供应商。商店出售西班牙的充值卡。西班牙的付费电话一般以807、901或者902开头。

小费

在餐馆里吃饭，小费一般是餐费的5%，当然前提条件是您对这里的服务满意。西班牙人很少给小费。必要时人们会留下点零钱。一般不需要给出租车司机小费。

住宿

不管在酒店、民宿还是膳食公寓，西班牙的住宿价格一般不包括早餐。退房时间一般都是中午12:00。加泰罗尼亚地区对住宿游客征收游客税。

海关

在欧盟范围内，个人消费用的货物可以自由带出入境。@www.zoll.de

教你当地话

常用表达

是/不是/也许	sí/no/quizás
请/谢谢	por favor/gracias
你好！/再见！/拜拜！	¡Hola!/¡Adiós!/¡Hasta luego!
早上好！/您好！/晚上好！/晚安！	¡Buenos días!/¡Buenos días!/¡Buenas tardes!/¡Buenas noches!
不好意思！/对不起！	¡Perdona!/¡Perdone!
我可以……吗?	¿Puedo ...?
请再说一次	¿Cómo dice
我叫 ……	Me llamo ...
您叫什么名字？/你叫什么名字?	¿Cómo se llama usted?/¿Cómo te llamas?
我来自……	Soy de ...
我想要 ……/您有 ……吗?	Querría .../¿Tiene usted ...?
……多少钱?	¿Cuánto cuesta ...?
我（不）喜欢	Esto （no） me gusta
好/不好	bien/mal
坏了/不能用了	roto/no funciona
太多/多/少/全部/没有	demasiado/mucho/poco/todo/nada
救命！/注意！/小心！	¡Socorro!/¡Atención!/¡Cuidado!
救护车/警察/消防队	ambulancia/policía/bomberos
我能在这里拍照吗?	¿Podría fotografiar aquí?

询问日期/时间

周一/周二/周三	lunes/martes/miércoles
周四/周五/周六	jueves/viernes/sábado
周日/工作日/节假日	domingo/laborable/festivo
今天/明天/昨天	hoy/mañana/ayer
小时/分钟/秒/瞬间，一会儿	hora/minuto/segundo/momento
白天/夜/周/月/年	día/noche/semana/mes/año
现在/马上/早一点/晚点儿	ahora/enseguida/antes/después
现在几点了?	¿Qué hora es?
现在3点了/现在3点半了	Son las tres/Son las tres y media
3点45/4点15	cuatro menos cuarto/cuatro y cuarto

交通

开门/关闭/营业时间	abierto/cerrado/horario

您会说西班牙吗？
这里有重要的常用词汇和表达方式。

入口/进站口/出口/出站口	entrada/acceso/salida/salida
出发/起飞/到达	salida/salida/llegada
厕所/女士/男士	aseos/señoras/caballeros
空着/占用中	libre/ocupado
（非）饮用水	agua （no） potable
……在哪儿? / ……（复数）在哪儿?	¿Dónde está ...? /¿Dónde están ...?
左/右	izquierda/derecha
一直往前/往后	recto/atrás
近/远	cerca/lejos
红绿灯/拐角/十字路口	semáforo/esquina/cruce
公交/有轨电车 /地铁/出租车	autobús/tranvía/metro/taxi
车站/出租车站	parada/parada de taxis
停车场/车库	parking/garaje
城市规划/地图	plano de la ciudad/mapa
火车站/港口/机场	estación/puerto/aeropuerto
渡轮/货运码头	transbordador/muelle
行车时刻表/车票 /追加费用	horario/billete/suplemento
单程/来回	sencillo/ida y vuelta
火车/轨道/站台	tren/vía/andén
延误/罢工	retraso/huelga
我想要租……	Querría ... alquilar.
一辆车/一辆自行车/一艘船	un coche/una bicicleta/un barco
加油站/汽油/柴油	gasolinera/gasolina/diesel
故障/车间	avería/taller

用餐

请您为我们预订今天的座位	Resérvenos, por favor, una mesa para
预订今晚一张四人桌	cuatro personas para hoy por la noche
在天台上/靠窗	en la terraza/junto a la ventana
请给我们菜单!	¡El menú, por favor!
您可以给我拿一下……吗?	¿Podría traerme ... por favor?
瓶/大瓶/玻璃杯	botella/jarra/vaso
刀/叉子/勺子	cuchillo/tenedor/cuchara
盐/胡椒/糖	sal/pimienta/azúcar
醋/油/牛奶/柠檬	vinagre/aceite/leche/limón
凉的/太咸/不熟	frío/demasiado salado/sin hacer
加/不加冰/碳酸	con/sin hielo/gas

素食主义者（男）/素食主义者（女）/过敏	vegetariano/vegetariana/alergía
我要结账。	Querría pagar, por favor.
账单/收据/小费	cuenta/recibo/propina

购物

药店/药房	farmacia/droguería
面包房/市场	panadería/mercado
肉店/鱼店	carnicería/pescadería
购物中心/商场	centro comercial/grandes almacenes
商店/超市/报亭	tienda/supermercado/quiosco
100克/1千克	cien gramos/un kilo
贵/便宜/价格	caro/barato/precio
更多/更少	más/menos
有机种植	de cultivo ecológico

住宿

我预订了一间房	He reservado una habitación
您还有……吗?	¿Tiene todavía ...?
单人间/双人间	habitación individual/habitación doble
早餐/半食宿/食宿全包	desayuno/media pensión/pension completa
往前/在海边/邻近公园	hacia delante/hacia el mar/hacia el jardín
淋浴/泡澡	ducha/baño
阳台/露台	balcón/terraza
钥匙/房卡	llave/tarjeta
行李/手提箱/袋子	equipaje/maleta/bolso
游泳池/温泉/桑拿	piscina/spa/sauna
香皂/卫生纸/尿布	jabón/papel higiénico/pañal
婴儿床/儿童座椅/换尿布	cuna/trona/cambiar los pañales
定金/押金	anticipo/caución

银行/货币

银行/自动取款机/密码	banco/cajero automático/número secreto
现金/信用卡	en efectivo/tarjeta de crédito
纸币/硬币/零钱	billete/moneda/cambio

医疗

医生/牙医/儿科医生	médico/dentista/pediatra

医院/急诊室	hospital/urgencias
发烧/疼痛/感染/受伤	fiebre/dolor/inflamado/herido
腹泻/恶心/晒伤	diarrea/náusea/quemadura de sol
创可贴/绷带/软膏/霜	tirita/vendaje/pomada/crema
止痛药/药片/栓剂	calmante/comprimido/supositorio

通信/网络

邮票/信/信封	sello/carta/postal
我需要一张电话卡	Necesito una tarjeta telefónica
我想买一张手机充值卡	Busco una tarjeta prepago para mi móvil
网络接口在哪里?	¿Dónde encuentro un acceso a internet?
选择/连接/占线	marcar/conexión/ocupado
插座/适配器/充电器	enchufe/adaptador/cargador
电脑/电池/蓄电池	ordenador/batería/batería recargable
电子邮箱	dirección de correo electrónico
网址	dirección de internet
网络访问	conexión a internet
数据/打印	archivo/imprimir

休闲/运动

海滩/太阳伞/躺椅	playa/sombrilla/tumbona
退潮/涨潮/水流	marea baja/marea alta/corriente
缆车/吊椅缆车	funicular/telesilla

数字

0	cero
1	un, uno, una
2	dos
3	tres
4	cuatro
5	cinco
6	seis
7	siete
8	ocho
9	nueve
10	diez
11	once
12	doce
13	trece
14	catorce
15	quince
16	dieciséis
17	diecisiete
18	dieciocho
19	diecinueve
20	veinte
100	cien, ciento
200	doscientos, doscientas
1 000	mil
2 000	dos mil
10 000	diez mil
1/2	medio
1/4	un cua

索引

在此可查询书中涉及的重要地点和景点，后附相关页码。

图片来源

封面图片：托莱多的圣胡安德洛斯雷耶斯修道院（Laif/hemis.fr: B. Gardel）

图片：AWL Images: A. Copson（P.52，P.142/143），G. Heller（P.157），F. R. Iacomino（P.137），C. Kober（P.167），S. Lubenow（封二 左）；AWL Images/John Warburton-Lee Photography Ltd: C. Davitt（P.10/11），C. S. Pereyra（P.176/177）；demano:Juan Antonio Monsalve（P.20 上）；A. Drouve（P.1 下）；DuMont Bildarchiv: Arthur F. Selbach（P.25），Gonzalez（P.144），Renckhoff（P.184/185），Selbach（P.95）；R. M. Gill（P.104，P.106）；R. M. Gill/© Salvador Dalí，Fundació Gala-Salvador Dalí/VG Bild-Kunst，Bonn 2017（P.17）；huber-images:M. Carassale（P.57），H. - G. Eiben（P.54），O. Fantuz（P.69），Gräfenhain（封二 右，P.19，P.36/37，P.78/79，P.86/87，P.98，P.101，P.185，P.186 下），H. - P. Huber（P.99），S. Kremer（P.62/63，P.70，P.74），F. Olimpio（P.48），Pavan（P.14），H. Pönitz（P.66），M. Ripani（P.20 下），Giovanni Simeone（P.22/23），Spiegelhalter（P.73），K. Susanne（P.122），L. Vaccarella（P.7），S. Wasek（P.82）；Laif: Gonzalez（P.179），M. Gumm（P.33），Heuer（P.34/35），Lange（P.186 上），Tophoven（P.13）；Laif/hemis.fr: B. Gardel（P.1 上.）；Maria Escotè:Ferran Casanova（P.21 上）；mauritius images/age（P.15）；mauritius images/age Fotostock: T. Balaguer（P.44），M. Bibao（P.141），R. Contreras（P.47），J. D. Dallet（P.30/31），N. Domingo Leiva（P.120），L. Fidel Ayerves（P.43），M. Gaión（P.121），K. Kozlowski（P.93），J. Larrea（P.27），M. Ramírez（P.117，134），L. Vallecillos（P.77）；mauritius images/age Fotostock/Facto Foto（P.88，P.160/161）；mauritius images/Alamy（P.8/9，P.25，P.182，P.184），R. Cummins（P.38），M. Galan Still（P.32 右），J. Greenberg（P.35），P. Horree（P.18），A. Kowalsky（P.151），H. Milas（P.180/181），C. Rafael（P.29），L. Vallecillos（P.170），P. van Munster（P.155），Villorejo（P.139），K. Welsh（P.112），J. Wlodarczyk（P.40）；mauritius images/Alamy/RosalreneBetancourt 3（P.126）；mauritius images/Alamy/StockPhotosArt: S. Pereira（P.34）；mauritius images/foodcollection（P.6，P.21 下.）；mauritius images/John Warburton-Lee:C. Sánchez Pereyra（P.16）；mauritius images/Pixtal（P.32 左）；mauritius images/Warburton-Lee: S. Egan（P.85）；mauritius images/Westend61/Bonninstudio（P.20 中），M. Prats（P.51）；D. Renckhoff（P.149）；Schapowalow: G. Gräfenhain（P.175）；Schapowalow/4Corners: P. Goding（P.130），M. Goslin（P.132）；Schapowalow/SIME: O. Fantuz（P.110/111），P. Giocoso（P.114/115），M. Ripani（P.128）；T. P. Widmann（P.103，P.109，P.187）

本书地图系原版书地图。

禁忌事项

对噪声敏感

在西班牙南部，喧闹嘈杂是地区特色。在小巷子里，摩托车队的马达隆隆作响；在酒吧里，电视声音开得很大；广场上的人们欢乐地闲聊，露天音乐会在将近午夜才开始，再晚些时候，清洁车轰轰地驶过老城。这些噪声对当地人来说完全不是问题，构不成任何困扰。但对寻求安静的外国人来说，要特别留心挑选住宿房间。铁律：住在高处或者城外。

分开付账

在西班牙，人们不习惯在饭桌上分开付账。许多人一起吃饭时，会得到一张总账单，然后每个人平摊费用，而不是一个个算各自的账。或者，当人们在多个酒吧间游逛时，大家一个个轮换着为所有人买单。所以，至少在酒吧和餐馆里，西班牙人对所有人都一视同仁。想要精确地算账（如果真的有必要的话），您可以晚些时候再付自己的钱。

轻信职业乞丐

在大城市的教堂入口前常常有看上去很可怜的衣衫褴褛的人和街头音乐人，但这很可能仅仅是作秀。在“下班”后，这些人便掏出手机坐车离开，或者和其他人换班。

没看见小字

在浏览的菜单或者酒店的价格公告上常常有很小的字写着“IVA no incluido”，意思是在价格中不包含IVA，IVA是西班牙语增值税的缩写。这在西班牙是很常见的。在饭店和酒店增值税是10%，其他地方是21%。如果价格已经包含了增值税，西班牙语叫“IVA incluido”。如果您不确定，最好提前问清楚。

讨论尴尬的话题

请您在与当地人的谈话中避免谈到一些话题：在南方不能谈斗牛；在加泰罗尼亚和巴斯克地区，不要谈论两地从西班牙独立出去的话题。这些是外国人最好不要触碰的棘手话题。与此相反，谈论国家税收使用、腐败和官僚主义一般是没有问题的。

共用一张桌子

在酒吧或者饭店里有一张占用了一半的桌子，人们会考虑：我可不可以坐在空位上呢？千万不可以！在西班牙，人们没有这个习惯，这个行为可能会使其他人烦躁甚至引发冲突。